U0748525

从零开始
学运营

王 力◎著

天津出版传媒集团

天津科学技术出版社

图书在版编目（CIP）数据

从零开始学运营 / 王力著. -- 天津 ： 天津科学技
术出版社，2017.5（2023.10重印）

ISBN 978-7-5576-2706-5

Ⅰ．①从… Ⅱ．①王… Ⅲ．①网店－商业经营－基本
知识 Ⅳ．①F713.365.2

中国版本图书馆CIP数据核字（2017）第075814号

从零开始学运营

CONGLING KAISHI XUE YUNYING

责任编辑：布亚楠

出　　版：天津出版传媒集团
　　　　　天津科学技术出版社

地　　址：天津市西康路35号

邮　　编：300051

电　　话：（022）23332695

网　　址：www.tjkjcbs.com.cn

发　　行：新华书店经销

印　　刷：唐山市铭诚印刷有限公司

开本710×1000　　1/16　　印张15　　字数200 000

2023年10月第1版第5次印刷

定价：45.00元

　　伴随着当今社会信息技术的蓬勃发展，以互联网、社交网络、物联网、移动互联网、云计算等为代表的电商企业纷纷发展壮大，并相继进入我们的日常生活和工作。例如，网络改变了我们的沟通方式，社会性网络服务（SNS）改变了电视、媒体的广告形式，第三方支付平台替代了现金和信用卡，而电子商务又改变了我们的购物模式。因此，如果我们要用一些合适的词语来形容当今社会电子商务和移动互联网的发展，像"跳跃式发展"或"指数式爆炸增长"等词汇就是非常贴切的。

　　而电子商务的浪潮，在互联网"爆炸式增长"的带动下席卷整个世界。相对于传统商业而言，电子商务由于表现得更加公平、透明与诚信，并拉近买卖双方的距离，因此大大提高成交效率，为世界各国的经济增长注入新的活力。这就激发了无数以年轻人为代表的创业者的创业梦想，但他们也会有十分强烈的危机感。比如，他们可能因经验不足而无法成为一个好的产品经理，导致选择的产品虽然好看但却不实用；也可能因把握战略方面的能力比较弱而沦为技术派，导致发展的后劲不足；还有可能因资金实力不足而出现一次失败，就被直接打回原形。

那么，如何才能找到电子商务的盈利模式？如何组建、管理、运营好一家网店呢？

实际上，如何做好网店，其核心就在于运营，而且随着电商竞争的愈演愈烈，网店运营的专业程度也变得越来越高。简单地说，店铺的前端就是要解决好选品和流量的问题；中间是购物的流程，需要活动、促销的支持；而后期，需要极佳的客户体验，也就是要保持用户的黏性。

针对这些问题和诉求，本书从专业的角度全面阐述并深度解析网店运营中的各个重点环节，包括如何选品、店铺的视觉管理、深入挖掘搜索规则、开通直通车、打造爆款、做好客户体验和客服服务以及库存管理等内容。本书理论结合实践，以通俗易懂的语言为大家呈现一系列网店运营方面的实用技巧，力求帮助网店卖家打造一个运转高效、战斗力强的运营团队。

总的来说，编写本书的目的就在于让更多的大中小网店找到适合自己的经营方法。希望那些正遭遇发展瓶颈的卖家们，能够从中发现并解决网店的自身问题，系统化地提升网店经营、管理及设计的能力，以实现更大的突破与发展。同时，也希望从事网店相关工作的美工、运营、策划、客服等岗位的人员通过阅读本书，能够系统化地提升自己的技能，而不再像从前那样，只靠单兵突破某个运营软件，或者只会操作直通车这种简单的技能。

最后，希望本书能够成为我国电子商务从业者入门、就业、发展以及成功的基石，从而使中国的电子商务能够始终走在时代的前列。

目 录
CONTENTS

第一章

如何运营电商网店，先来了解基础知识 / 001

取道有术，电商运营的核心问题 / 002

电商运营必备的一些常识 / 007

在大数据时代如何做好电商运营 / 011

经营网店，必须要傍的"五个大款" / 015

警惕淘宝、天猫等网店运营的五大误区 / 019

抓住机遇，迎接农村电商运营的"蓝海" / 023

消费升级，跨境电商发展的新趋势 / 027

第二章

选好选对产品，就意味着成功了一半 / 031

中小网店卖家，如何选款是关键 / 032

中小卖家开店选品，要注意"三高一低" / 036

中小卖家如何选择好的品牌代理 / 040

网店运营，关键是与消费者交朋友 / 043

淘宝网店新品，如何迅速销售破零 / 048

网店初期，如何打造一个"小而美"的店铺 / 053

第三章 视觉管理很重要，好创意胜过好导购 / 057

产品陈列不但要好看，还要有陈列技巧 / 058

产品陈列时的注意事项 / 062

产品描述有创意，才会更具说服力 / 066

做好网店布局，打造完美页面 / 070

网店装修，既要重视外表又要重视内涵 / 074

网店的装修风格要独具特色 / 078

掌握好上架时机，让宝贝流量翻几番 / 081

第四章 搜索排名，网店推广的重中之重 / 085

没有淘宝搜索排名，也就没有商品销售 / 086

为提高淘宝网的搜索排名，应注意哪些问题 / 090

淘宝搜索的误区、原则和策略 / 094

如何提升淘宝手机端的搜索权重 / 097

第五章 做好直通车，淘宝网店推广的关键 / 101

中小卖家如何开通淘宝、天猫直通车 / 102

直通车的开通技巧 / 105

直通车优化三部曲 / 110

如何通过直通车推广淘宝的爆款产品 / 115

如何迅速将直通车流量转化为成交量 / 120

第六章 打造单品爆款，迎接网站销售的春天 / 125

明星单品爆款的诞生 / 126

打造爆款不宜盲从，公式教你如何操作 / 130

为爆款产品选款的注意事项 / 134

上架新品如何快速成为爆款 / 137

中小卖家如何在30天内轻松打造爆款 / 141

第七章 打造最好的客户体验，网店发展才能"长治久安" / 145

客户体验的相关事宜 / 146

网站客户的体验营销 / 150

客户的期望值管理 / 155

注重客户体验的细节服务 / 159

第八章 打造金牌客服，提升转化率和客单价 / 163

客服在大促前的准备工作 / 164

打造网店的金牌客服 / 169

网店客服管理的标准 / 174

客服解决中差评的方法 / 178

网店客服如何应对客户砍价 / 182

实例详解网店客服的议价处理技巧 / 186

第九章

动态库存管理，是网店存活的筹码 / 189

网店中的库存类型分类 / 190

中小网店如何管理库存 / 194

做好库存动态管理，有效去除库存数量 / 198

库存管理的几个实用方法 / 201

后记

网络店铺与"网红"经济正悄然兴起 / 205

附录1

经营淘宝、天猫网店要避免的违规行为 / 209

附录2

经营网店必知的基本术语 / 219

附录3

电商运营的失败教训面面观 / 225

第一章

如何运营电商网店，
先来了解基础知识

什么是电商运营？电商运营既不是一个人，也不是一个部门，而应该是一个团队，一个运筹帷幄的统筹、支配的系统。就像计算机中的CPU或人体的大脑一样，电商运营就是要做好推广、美工、库房以及售前、售后客服等部门的整体协调。换句话说，我们可以这样理解电商运营，那就是用来解决好店铺的前期流量、中期转化以及后期用户黏性的数据分析系统。

取道有术，电商运营的核心问题

在这个大电商时代，电商运营的核心问题有哪些呢？电商运营是否有像传说中的《葵花宝典》一样的秘籍呢？实际上，电商运营的核心包括团队、产品、用户和渠道等几个关键要素。本节为大家介绍电商运营的这几个关键要素。

搭建具有统一共识的团队

1. 团队的组织架构。中小型电商团队，其架构比较灵活，像运营、推广、设计、客服这些岗位的人数一开始不需要很多，等到业务发展扩大以后再有计划地进行扩编即可。通常情况下，中小型团队的人数以不超过10人为宜。其中，客服人数是最多的，因为客服人员必须要倒班、轮岗。

2. 人员要定岗、定责。在中小电商团队里，每个员工的综合能力必须要特别强，而且设定岗位职责时也不要过于条框化。运营岗位是电商的核心岗位，需要那些综合能力过硬的复合型人才，并且还要具备丰富的实战经验，懂得如何规划，擅长营销推广、活动策划、文案撰写等；而推广人员一方面要懂得使用电商平台的推广工具，另一方面还要懂得站内、站外的搜索引擎优化（SEO）以及新媒体的推广等技能；对设计师来说，不但需要具备扎实的美学功底，而且还要精通视觉营销，并善于利用视觉营销为营销服务，甚至还能独自完成撰写日常文案的工作。

3. 关键绩效指标（KPI）考核。很多管理者都会认为，只有使用严格的 KPI考核体系，才能约束员工更好地工作。其实，KPI不是万能的。如果用得好，它就能够起到激励作用；而如果用不好，就会适得其反。因此，对刚开始做电商的企业来说，团队管理者不要把考核的条件设置得过于严苛，KPI绩效工资的占比也不要设置得太高。随着企业业务逐渐发展，再对KPI考核的维度和各项权重进行相应的调整即可。

4. 团队的思想建设。一支能打胜仗的团队必定有强大的凝聚力和战斗力。因此，团队的思想建设工作就显得非常重要。此时，运营总监要发挥其主导作用，可定期组织部门内部人员进行丰富的团队思想建设活动。

精细规划能够聚焦品类的产品

产品就好像是战场上的装备一样，谁的装备更精良，在战场上获胜的概率就会更大。但很多中小企业在规划产品时，经常错误地认为经营产品的品类和数量越多，成功的概率就会越大。他们深信总有一款产品能够成功。比如，一家做菌类深加工的电商企业，他们同时使用3个系列的产品开拓市场，但由于没有重点产品，因此最终难以为继而破产。因此，我们先要明白有关产品的一个原则，即20%的产品赚80%的钱，80%的产品赚20%的钱，也就是"二八定律"。

事实上，每个电商企业都应该按照自身的实际情况来制定引流款、利润款、形象款、定制款和备用款的占比。产品风格和受众群体的定位，还可以从竞争对手那里获得，也就是说绝不能闭门造车，那些直接从线下转到线上的卖家们更应该注意这点。

2014年，我们通过对天猫平台近一年的销售数据进行分析后发现，几乎所有产品的卖家服务评级系统（DSR）中的产品描述相符分均低于行业平均水平。我们也联想到淘宝网近几年的一些举措，比如鼓励商家发展"小而美"路线，鼓励商家聚焦品类，走极致路线。其实，产品类别有多么小众不是最重要的，重要的是能不能在这一细分领域做得比其他商家更好、更有特色，类似于小米的路线，后面做什么不要紧，关键是在起步成长阶段能用至少一样或一类产品撬动市场或打动消费者。

对数量庞大的中小电商企业来说，在刚刚起步的发展时期，更应该把产品聚焦，即将有限的人力、财力和物力全部投入到一种或者一类产品上，这样才更容易出成果。但这并不意味着这些中小电商始终只做一种产品，抓住时机，等到口碑形成、品牌成型以后，再去拓展与其关联的品类是一种更好的选择。比如，目前的明星企业——小米公司就是从小米手机起步的，但如今已经开始在智能家居、软件、平台领域布局。

打造一种极致的用户体验

在大数据背景下的电商运营中，用户就代表着流量。运营人员强化营销并通过各种手段来为电商引流，虽然在短期内的效果非常明显，但如果不能深度挖掘获得的这些流量的价值，就会导致复购率低、黏性差、流失快，这种情况对那些产品核心竞争力不足、服务水平也跟不上的企业来说，是尤其明显的。

举例来说，两家经营同样产品的店铺，一家店铺每天都会花费大量资金去引流，但通常都是一锤子买卖，虽然看着好像很红火，但等到流量成本逐渐增加以后，这家店铺的营销成本就难以为继；而另一家店铺看似每天的流量都很平淡，但他们只做少量的精准推广，尤其注重用户体验，特别是在服务方面下足了功夫。这样的话，他们用不了多久，就会通过用户的口碑传播逐渐累积到大量的忠实用户，甚至不花一分钱，就能保证每天都有比较稳定的流量进入。因此，我们说引流的最终目的就是要留住客户，只有这样才能赢得消费者和市场的真正认可。换言之，就是把用户放到与产品同样重要的位置上，并用心规划用户的后续工作，才能达到事半功倍的效果。

那么，我们如何提升用户的体验，并增加用户的黏性呢？

1. 服务体系的设计必须要以用户为中心。电商企业要以自身产品为基础，设计一套独特、细致的服务标准或流程，以做好售前、售中和售后的高效服务，让用户把不同的"接触点"变成不同程度的"惊叫点"。比如，网络店面效果极佳的视觉引导，非常人性化的产品分类，保证一定的物流时效，客服部门的规范化管理和统一的话术风格，以及客服人员对产品和行业的专业程度，等等。做好这些，就能够让用户体验到：购买之前非常期待，交易过程十分愉悦，交易之后特别留恋。电商企业应力争让每一个环节的体验都能够通过产品和服务给用户留下非常深刻的印象。

2. 搭建客户关系管理（CRM）系统。我们要以一种广义的方式来理解CRM系统，除了专业的企业资源计划（ERP）系统或者CRM软件以外，很多微信公众号和电商平台自带的用户管理功能也属于CRM系统的范畴。但无论使用哪些工具，所设定的用户策略都应该是最重要的。例如，如何划分用户等级，如何设计不同等级用户的不同专属特权，等等。

而围绕着客户运营，主要有两个目标，那就是提升用户的活跃度和复购率。要做到这两点，我们可以举办有针对性的活动来提升用户的参与积极性。例如，我们可以规定每个月的第一个周末为老顾客的回馈日，他们会收到店铺的优惠券或者购买指定产品给予5折优惠。这样坚持下去，老顾客就会自动进店了解一些当期活动的具体情况，这样就能够让用户的消费行为最终成为一种习惯。不过，在具体的操作过程中，我们还要不断整合活动的创意，并设定能够让用户参与进来的活动，这样才能真正地让用户参与、分享并收获活动带给他们的实惠。

合理布局渠道，实现价值最大化

渠道的布局，就好像是古人打仗时的排兵布阵一样，要特别讲究策略和方法，尤其是在垂直电商及区域电商领域，总会有一些新面孔加入。对此，我们应从渠道的选择、渠道的拓展以及渠道的维护三个方面来合理布局渠道。

1. 渠道的选择。这里要考虑两个因素，首先是品类的契合度，然后是平台的潜力和规模（即成交的规模和用户的规模）。应该重点选择品类与目标人群十分相符，而且有一定用户基数或者成交规模的平台。比如，选择3C（计算机、通信和消费电子产品）类产品的商家，如果选择1号店作为其运营渠道，就会很不适合。因为1号店的重点品类是食品类。3C类产品首先应考虑的是京东、苏宁等平台。

2. 渠道的拓展。这需要考虑双方是否能够共赢。此时应看重平台商或者经销商的流量，而平台和经销商应该考虑我们的产品能否带来更多的利润和用户群体。因此，我们必须要考虑到双方的利益，这样才能在双方的共同利益点上进行合理选择。

3. 渠道的维护。当渠道拓展成功以后，还应该对各级经销商与平台商进行科学的管理，并支持、协助平台或经销商策划一些活动。而对一些优质的平台或者优质的经销商，品牌方还应给予其更多的支持。例如，提供平台专供款和新品推广费用的补贴等。

电商运营必备的一些常识

电商运营与经营一样，都需要把事情从头至尾做好。实际上，电商运营也就是管理电商的工作。优秀的电商运营管理者，必须将电商运营的框架和方向制定好，而且要把握住细节，因为框架也是由很多细节构成的。通俗地说，电商运营就是为电商制定战略、布局战术。

电商运营应该如何定位

1. 资金状况。资金状况是电商运营者首先要考虑的环节，如何把有限的资金经过电商运营为投资者带来丰厚的收益，是电商运营者的职能所在。

2. 为消费者提供什么样的产品。电商运营者应该仔细考虑产品的发展前景以及可能产生的销售量，然后选择合适的产品提供给消费者。

3. 目标消费群体。电商运营者要按照销售产品的定位来选择适合自己的目标消费群体，而通常产品的最终消费行为又被分为组织性购买和个体消费这两种形式。

4. 产品包装。产品包装可以分为外形包装和内在包装。外形包装指的是传统的实物外包装；而内在包装指的是产品的优势和卖点提炼、产品功能与价值描述，以及产品定位和广告语的包装。

5. 产品定价体系。产品定价体系要按照目标消费者、竞争对手、成本以及市场定位来设置。因为目标消费者不同，设置的价格体系也可能会不一样，这通常表现为渠道商与终端客户之间的价格差。

6. 如何进行销售。如何推广新品，需要电商运营者用心考虑。对新产品来说，我们可以用满立减、VIP折扣等方式，迅速把新品的销量做上去。等到有了销量，我们就可以采用付费或免费等技术或方式来推广新品。当然，我们需要根据具体的实际情况来确定。

7. 管理。管理是电商运营的一种支撑体系，就是以人和结构为单位而组成的流程体系。通常依靠下列几个方面来支撑电商运营的目标。

（1）结构管理。结构管理就是确立组织结构，在这些架构下，所有成员各行其是，而且要环环相扣、相辅相成。我们可以先为组织结构的成员列出其相应的职责，然后按照其职责来分配各自的岗位。只有这样，才能做到人尽其用，不至于出现机构臃肿及岗位重复的现象。

（2）营销管理。营销管理包括产品、渠道、价格、促销、销售任务、竞争策略、客户数据、培训以及绩效体系的建立与管理。

（3）关系管理。关系管理包括外部关系管理和内部关系管理。

8. 售后。产品销售出去并不意味着所有工作已经完成，我们应继续为用户提供服务并使其满意，最终让他们成为我们的忠实消费者。

电商运营管理者应具备的能力

1. 学习能力。电商运营者应该具备极强的学习能力，这样才能让自己管理的团队不断进步。

2. 执行能力。电商运营者的执行能力可以直接影响网站的运营和发展以及团队的工作效率。

3. 分析能力。电商运营者要对竞争对手进行分析，对市场进行分析，对电商运营数据进行分析，这些都需要具有极强的分析能力。

4. 管理能力。没有有效的管理，即使有好的团队也难以发挥其真正的价值。

5. 决策能力。电商运营者的最终决策完全可以改变一个网站的命运。因此，电商运营者必须要具备优秀的决策能力。

电商运营的主要工作内容

一般来说，电商运营要做的事情，就是协调好客服、美工、推广、库房、售前、售后等部门的工作。而其运营体系包括以下5点：

1. 产品。

2. 买家。

3. 流量（或引流）。

4. 转化（或优化）。

5. 用户黏性（或营销）。

其中，产品和买家是电商运营的两个端点；而流量、转化和用户黏性是电商运营的三个要素。也就是说，电商运营是用来解决从上游产品到下游用户之间的流程线的；而要保证这条流程线运转通畅，就要解决前期流量、中期转化以及后期用户黏性这三个要素方面的问题。

电商运营过程中的注意事项

1. 分析、整理市场的需求。对一家电商公司的管理者来说，最重要的就是要了解市场需求，然后在此基础上提出相应的改善建议和方案，并对这些建议和方案进行讨论、分析，以最终确定它们是否切实可行。此外，在必要时，电商公司的管理者还应该进行一些调查取证以及分析统计，然后综合评出这些建议与方案的可行性。

2. 营销策划。营销策划包括前期的市场调研、可行性分析、撰写策划文档、说明业务流程内容等。通常来说，策划是电商运营前期的关键因素，因为只有策划好具体的营销方案，最终才可能会有很好的结果。而且前期的策划还会涉及很多线上、线下市场因素，我们需要按照实际的需求来进行非常有效的规划。比如，商品的标题和内容如何显示，功能键如何摆放，框架如何制定，排版怎么排，文案怎么写，色彩怎么搭配，以及文字、广告等方面如何展示，等等，都需要我们进行合理、科学的规划。

3. 做好各个部门的沟通、协调工作。管理者的角色应该更多地体现在这一方面。所以，运营总监要深知电商整个部门的运营状况，而其知识面相对来说也要非常全面。此外，运营总监还要负责与淘宝店长、库房管理、设计、策划等人员的沟通、协调工作。

对电商运营来说，"细节决定成败"仍然是电商管理者必须遵循的信条。此外，我们还要学会举一反三，在不断的学习中取得更大的进步。

在大数据时代如何做好电商运营

随着当今社会信息技术的蓬勃发展，以互联网、社交网络、物联网、移动互联网、云计算等为代表的电商企业不断发展壮大，并相继进入我们的日常生活和工作中，而全球信息的数据量也呈现出指数式爆炸增长的趋势。根据互联网数据中心（IDC）发布的报告显示，全球的数据总量大约每两年就会翻一番。因此，我们现在已经进入了大数据时代。

在大数据背景下，电子商务的发展概况

大数据的定义是，因规模、复杂性、实时性而无法在一定时间内用常规的软件工具对其进行获取、存储、搜索、分享、分析、可视化的数据集合。由此可见，大数据所具有的特点是海量、多样、快速、价值。尽管大数据蕴藏的价值十分巨大，但其价值比例却很低，如果我们不通过一定的技术手段，就很难从这些数据的海洋中找到那些有价值的数据。

但随着大数据时代的来临，那些爆发性增长的数据已经成为电商企业的优势、资源和未来的核心竞争力。因为只要电商掌握这些数据信息，就等于掌握了用户的浏览、消费、评价记录，以及电商平台上商家的产品交易记录、库存量和商家的信用信息等关键性数据。

因此，电商企业在建立起庞大的数据库后，就可以利用云计算和企业数据仓库等技术，对这些数据进行采集、挖掘、多维分析、服务开发等应用，并进行有效整合，从而为企业的决策提供相应的支持。

但在大数据的背景下，电商企业还要认识到，创新才是大数据的最本质因素。另外，大数据也不能脱离商业逻辑，而应以高度的责任感来应对大数据时代下信息安全的责任，并以积极、开放的心态将创新成果服务于普通大众。

大数据下，如何做好电商运营

1. 如何分析买家的特征？以淘宝网为例，我们通过阿里指数工具，就能做出人群画像分析，即可得出下列特征。

（1）买家的账号等级。

（2）买家的购物习惯。

（3）买家的性别。

（4）买家的上网时间。

（5）买家的地域。

（6）买家的消费层次。

（7）买家的年龄层次。

（8）购物终端是电脑还是手机。

当通过淘宝工具分析买家的特征后，我们就可以根据其年龄、地域、消费层次和上网时间等数据信息，进行有针对性的营销。

2. 如何分析产品属性的应用？电商网站中销售的所有产品，都是为消费者服务的。因此，在选择产品前，我们先要明确消费者的需求，也就是对买家的属性进行分析，然后按照分析得出来的结论进行图片设计，图片设计要体现出场景、情景式营销。

为此，主图设计应做到下列两点。

（1）情景式营销。情景式营销要体现出产品的卖点和痛点，也就是说，必须要让顾客感觉自己身处在这个情景里面。因此，排版时应该将产品的卖点排到非常醒目的位置上，而且必须要明确。一个产品如果没有卖点，就变成只有排名而没有点击率的产品。

（2）明确主图价格，必要时可以开通直通车。在推广产品中，开直通车是非常重要的，这可以减少那些无效点击量，迅速提升精准流量。如果这个方法使用好了，直通车就可以节约1/4的成本。

大数据下，要做好产品的定位

在大数据下选择产品时，我们应该做STP分析。STP指的是市场细分（Segmenting）、选择目标市场（Targeting）和产品定位（Positioning）分析，其产品方向包括人群、产品特征、独特卖点或定制，通常要满足下列条件。

1. 产品的利润空间。如果一件产品在市场上已经饱和，基本上没有利润空间，那应该如何为其定位呢？我们以丝袜为例，可以这样为其定位：一种是为丝袜增加特色，例如，在全球速卖通（国际版的"淘宝"）上卖情趣丝袜，因为人群分析显示，外国人非常喜欢我们的情趣丝袜；还有一种是增加产品的功能，比如开发丝袜燃烧小腿肚脂肪的特殊功能，同样可以做好这种丝袜的销售。

2. 产品在市场上的竞争度。我们通过生意参谋等工具来搜索关键词，对于搜索排名不好的产品，可以在其前面加上一个"定制"。因为产品的数量决定了其关键词的竞争程度以及推广产品的难易程度。所以，我们要对产品做市场竞争度的分析。

3. 产品的市场需求量。如果产品在市场上正处于上升的趋势中，那么产品的行业和产品本身都值得我们立即入手。因此，在进行电商营销时，我们必须要找到产品的痛点，用一句比较时髦的话来说就是"用户买的其实不是产品，而是解决自身问题的一种方案"。

如果我们能够将用户的解决方案做好，而且还具备一定的利润空间，这个产品的未来需求量就会非常大，更重要的是，这就是一件非常值得我们入手的产品。

对电商企业来说，只要产品具备前面提到的3个特征，电商企业的产品就会大卖，发展前景也会被非常看好。

大数据下，电商的流量如何布局

我们以淘宝网为例，电商企业的流量构成一般有4种方式：自然流量、付费引流量、活动引流量和站外投放引流量。

1. 自然流量，可以通过淘宝SEO搜索排名获得。

2. 付费引流量，可以通过淘宝直通车、淘宝联盟等方式获得。

3. 活动引流量，可以通过社交媒体网站推广获得。

4. 站外投放引流量，可以通过蘑菇街、美丽说、优惠社等站外流量获得。

经营网店，必须要傍的"五个大款"

不管是大电商还是中小网店，发展得越完善，其产品结构就显得重要。而在网店的所有单品中，必然会存在着单品之间的互为补充、转化，这样才能形成一个可持续发展的长久生意，并形成一个相对完整的产品结构。通常情况下，一家网店应具有引流款、利润款、活动款、形象款和备用款这五个完整的产品结构，也俗称为"五个大款"。

引流款

引流款的作用从字面上很好理解，就是为网店吸引流量，搞定很多有意向的买家。如果比喻得更形象一些，引流款就好像是一支篮球队的大前锋。大前锋主要是干苦力的，需要完成像抢篮板、防守、卡位、助攻等任务。

用在网店中，引流款就是通过各种渠道为网店搞流量，即用于走量，以提升店铺的人气以及沉淀买家的数量。尽管其直接利润是最低的，但是能为网店带来非常高的间接利润。

通常，引流款的产品价格相对于同行业的同类产品来说会略占优势。但网店在具体的营销过程中也要注意，买家在搜索同类产品时，价格因素绝对不是吸引买家眼球的唯一方式。

此外，引流款必须是目标客户群体中绝大多数买家都可以接受的产品，而不能选择一些非常小众的产品。而在选择具体的引流款时，我们应当先对产品的数据进行测试，最初只给产品比较小的推广流量，然后观察具体的数据状况，最后再选择转化率比较高、地域限制比较少的产品。

利润款

利润款显然就是利润非常高的产品，并针对特定群体客户进行转化，以达到利润的最大化。如果按照篮球场上的队员来形容，它就相当于得分后卫。

得分后卫的特点是射程可近可远，外线出手又稳又快，又有内线切入的能力，似乎从任何角度出手都可以，而命中率也非常高，此外还可以参与到防守当中，应该说，得分后卫的各项能力是一应俱全。通常，销售产品有"二八原则"这个说法，也就是能够为一个公司带来80%利润的往往是20%的产品。而这个利润款就是"二八原则"中的20%，能为电商卖家带来80%甚至更多的利润。

利润款应选择目标客户群体中特定的一个小众人群。这个群体喜欢追求个性，所以要突出产品的独特卖点，必须满足他们的心理。此外，利润款在前期操作时对挖掘数据的要求会很高，我们必须要精准分析那些小众人群的喜好，然后分析具体的款式、设计风格、价位区间、产品卖点等。在推广方面，我们应该以更精准的方式对目标人群做定向推广。而在推广前期，我们要先以少量的定向数据来做测试，或者通过预售等方式对产品做调研，以实现供应链的轻量化。

活动款

活动款通常在一些网店搞内外活动时使用，特别是清理库存或者给某些特定目标来做活动。如果按照篮球场上的队员来形容，它就好像是小前锋。

小前锋的特点是快，球场上如此，做活动也是如此，要以迅雷不及掩耳之势迅速为网店产生销量，尽快获取利润。

网店的活动基本上都是短平快，两三天之内迅速爆发销量，不过持续时间不长。做活动有三个前提目的，即清库存、冲销量和体验品牌。下面我们把这几个方面详细地说明一下。

1. 清库存。库存产品大多是款式比较陈旧或者尺码不全，如果为此牺牲买家的体验，就应该采取低价这种方式来弥补客户。比如，一些大的品牌会经常提供一些库存款，而且会以1～3折的低价供买家进行抢购。

2. 冲销量。在这种情况下，活动款要有供应链的优势和保证，而且还要注意，在活动期间，客户体验不能对品牌产生负面影响。

3. 体验品牌。这是活动款最应该产生的效果，比如，我们要统计有多少买家变成了回头客。而有些活动则会导致复购率低，这说明没有规划好活动款。通常，活动款的选款是大众款，但并非定低价，不过我们必须要让买家看到活动折扣价同平时基础销量的价格之间的落差，这样才能使买家产生一种购物的冲动，所以还需要一个相对低一点儿的折扣。此外，为之前的老客户提供一些优惠和福利，则是我们做活动款的另外一个理由。

形象款

形象款是支撑网店的调性和信任感的产品。如果按照篮球场上的队员来形容，它就好像是控球后卫，控球后卫需要极强的掌控比赛的能力，并掌握比赛时间、控制比赛节奏，把球传给位置最好的队员。因此，控球后卫也被称为场上的教练。

而对网店来说，一些高品质、高调性和高客单价的极小众产品是形象款的首选。这类产品对于提升网店的整体形象和品质，以及吸引买家驻足和观望发挥着很大的作用。

具体操作时，可以选择3～5款以满足目标客户群体中的一些细分人群的需求。形象款虽然在销售额中占比很小，但我们仍然要将其保留在安全库存中，最终目的就是提升网店和品牌形象。

备用款

从字面上来讲，备用款是为了以防万一，给未来准备的产品，通常作为网店产品的一种补充而存在。假如一些产品出现断货或者某方面出了问题，备用款就会立刻挺身而出，成为网店新的爆款产品。

如果按照篮球场上的队员来形容，它就好像是中锋，因为在赛场上，中锋的主要目的是加强篮下防守、保护篮板球，并在适当的情况下得分。

另外，备用款也可以这样解读：网店商家总是会面对很多喜新厌旧的买家，因此他们就得不断开发新款，找到新的销售增长点，而这些新款其实也就是备用款。

总的来说，网店产品线上的这"五个大款"都有其各自分工，它们共同发挥作用才能实现利润最大化，这是想做好品牌的网店在发展中必须要考虑的。同时，这"五个大款"里还要有一个超级明星，因为超级明星能带来的最佳效益就是单品制胜。这就好像是公牛队中的乔丹、火箭队中的姚明一样。而这个制胜单品既可能是引流款，又可能是利润款，这需要我们在具体的经营过程中好好把握。

警惕淘宝、天猫等网店运营的五大误区

如今，很多人在运营淘宝、天猫网店时都会感觉压力非常大，甚至还有很多店主通宵达旦地工作，但效果依然不是很理想。其中很大一部分原因可能是碰到了一些运营上的误区却还没有意识到。本节为大家介绍一下淘宝、天猫等网店经营上的一些误区，希望能够引起你的重视。

误区一：照搬他人的经验技巧

很多网店的卖家为了能够做好生意，就不断地报一些培训班，或者经常参加线下培训，时间、精力、金钱都花费不少。但是，他们发现在培训中学到的很多方法和技巧并没有多少效果，不但没赚到多少钱，而且就连免费自然搜索的流量也没有增加多少。

这是为什么呢？原因就在于我们不能随随便便照搬他人的经验和技巧。虽然这些方法和技巧本身并没有错，但别人之所以成功，是因为还有很多其他你不具备的因素。我们以关键词的选择技巧来举例说明，很多人在学习选词选词技巧时，经常被如何建立关键词表以及随时监控关键词排名等搞得非常混乱，以致在实际选词中有点儿不知所措。

比如，其他网店选"防晒霜面部"为关键词时，效果非常好，但如果你也这么选，实际情况就未必好了。因为你的网店在基础、类目、客服能力以及产品竞争力等很多方面都与其他网店不一样，其结果必然区别很大。就好像你是一个路边摊儿，你非得去学连锁店的经验模式，效果肯定不好。

误区二：流量和转化本末倒置

流量就像是金字塔的最底端，很多网店卖家都非常清楚，流量是网店的生命线，没有流量也就没有一切。于是，很多的网店运营人员就把关注的焦点全都放到了如何获取更多的流量上，很多网店老板也把搞流量作为运营人员要做的最核心任务，甚至网上那些如何获取免费流量的文章的点击率也是非常高的。

实际上，只追求流量而转化率却很低的网店的效益肯定会很差。这主要是因为网店的运营人员犯了只重视流量而忽略转化率这个本末倒置的错误。

淘宝只是一个平台，就像是一个大的集贸市场一样，淘宝自己不卖东西，但淘宝能够从商家手里直接赚到钱，其中包括佣金和广告费（以直通车为主）这两方面。因此，我们从搜索引擎的角度来看，其结果就是网店的转化率越高，客单价越高，创造的价值也就越大，淘宝网自然就会给你更多的流量（此处未考虑新品加权的问题）。因此，结论就是，我们绝对不可以只关注流量而忽略转化率，因为高转化率也可以为网店带来流量。

所以，对网店运营人员来说，他们真正关注的焦点应该是产品、服务以及高转化率。

误区三：等到产品和网店运行不下去才做优化

很多人在没有生病时，根本不会关注自己的身体，也不注意日常饮食、休息等生活方式，而是等到生病了才去看病，这其实是人性的弱点。经营网店也是一样，很多人非要等到自己的网店已经快要运行不下去了，才想到要好好经营，比如好好做优化。实际上，优秀的运营人员应该做一个好的营养师而不是一个好医生，对网店中很多潜在的问题要提前予以解决。

那么，如何经营好一个网店呢？我们应从以下几个方面入手。

1. 开店前定位明确。产品在正式上架销售前，就要考虑好网店的目标顾客群、网店的风格等方面，也就是说"卖什么""怎么卖"都要确定好，千万不要想着什么都能卖好，怎么卖都没有问题，因为淘宝网站卖什么都赚钱的红利期早就过去了。

2. 产品在上架时要注意优化标题、首图、详情页等，还要卡好下架时间。

3. 要随时对数据进行监控。千万不要等到网店的流量、转化率和业绩下降时才想起来要去监控数据，而要在刚刚出现问题的苗头时，就立刻将其扼杀，绝不能放马后炮。

误区四：产品滞销还拼命去推

没有谁可以保证任何产品都能成为爆款，如果没有市场需求，则再好的商品也成不了爆款。因此，当网店出现了滞销商品时，我们就要立刻想办法处理。

那么，应该如何处理呢？我们要思考商品为什么会出现滞销的情况。通常，淘宝上的产品出现滞销有以下两个因素。

1. 产品不符合市场需求。其中包括很多因素，比如价格、款式、季节等。一旦找出产品不符合市场需求的原因，就要对产品进行调整。如果价格过高就调价格，如果季节不对就换季节，当然如果款式不对就只能直接删除下架。

2. 未能做好产品基础优化。如果你店中的某款宝贝销量不好，但网站内与其相类似的宝贝销量却很好，就说明是产品的基础优化没有做好。此时，我们要直接删除产品链接，包括图片空间中的图片都要删除，然后再重新操作，就有机会获得新品加权。

误区五：产品促销的数据失察

促销是网店运营中一个非常重要的工作，我们要对促销的实际效果做出评估。但对于促销效果的评估标准，我们应该如何定呢？难道只是很简单地做数字考量吗？

举例来说，如果促销任务的预定目标是5万，实现的话就评估为合格，没有实现就评估为不合格。那么，这种促销评估就可能会面临数据失察的情况。

促销数据的评估标准通常会包括以下几个方面。

1. 网店促销与正常销量相比上涨的具体数字。

2. 销售数据的上涨是否符合网店资源的投入现状？

3. 一些大促销结束之后，网店的销售额下降的具体数字。这种下降的状况是否符合网店的实际状况？另外，如果大促销以后，销量的下降幅度比上涨的幅度还要大，那么应该如何评价促销呢？

此外，促销之后网店的卖家服务评级系统（DSR）评分和承接能力等，都是非常重要的评估因素。

抓住机遇，迎接农村电商运营的"蓝海"

国务院在2016年出台了一系列扶持政策，指出要大力发展农村电商，实行线上、线下融合，也就是工业品进村与农产品进城这两种方式的双向流通格局。此外，与日渐饱和的一二线城市电商相比，农村电商的发展目前还正处在待开发阶段，值得电商企业积极介入。

农村电商的发展趋势

1. 标准化的趋势。如今，农村电商的发展已经变得越来越规范。我们以生鲜电商来说，生鲜电商的交易额目前已经占到生鲜农产品整体交易额的60%以上，而且还实现了"三品一标"，即无公害农产品、绿色食品、有机农产品以及农产品的地理标志。

2. 规模化的趋势。农村电商的发展，已经从之前的"小打小闹"，逐渐向规模化发展。据有关部门预测，我国农产品电商交易额在未来5年后将会占到农产品总交易额的5%，而涉外农产品电商的交易额将占到1%，农产品移动商务的交易额将占到2%。

3. 区域化的趋势。目前，区域化农村电商已经越来越多，这也使得电商网站变得越来越有效率。

4. 多功能的趋势。农产品交易平台的功能也变得越来越多样化，首先是具有交易、展示、信息和外向型的功能，而且还有不断向上、向下延伸的供应链功能和融资功能等。

5. 全渠道的趋势。农村电商目前已经实现线上、线下的相互融合。比如，卖货郎这家农村电商网站，已经建立总部和区域电商平台的线上系统，同时还在县、村（社区）等各级体系设立电子服务站，并形成线下的运作体系，这样就实现线上、线下体系的真正融合。

6. 国家化的发展趋势。随着农产品跨境电子交易的不断发展，商务部在国家战略背景下制订颁布了《"互联网+流通"行动计划》明确提出了将在国外建设100个海外仓储基地，以支持农产品的跨境交易。

7. 智能化的趋势。目前，以电信网、广播电视网和互联网的"三网融合"，以及物联网、大数据和云计算等为代表的新技术不断得以应用，农村电商也将进入到智能化的发展趋势中。

8. 社区化的趋势。随着城镇化与农业现代化的加速发展，社区电商也将成为主流，而以社区为主力的移动端农村电商也将会成为未来发展的主体。

9. 体系化的趋势。随着网上大宗商品期货、各类批发和零售交易以及各类易货贸易等多种方式的逐渐发展，农村电商的多种市场已经开始逐渐体系化，并形成一种大市场格局。

10. 法制化的趋势。当前的电子商务法律、法规和标准体系正在不断地完善，农村电商的法制化发展趋势也在逐步落实。

发展农村淘宝的项目

农村淘宝是淘宝网与地方政府合作的一个项目，在最近几年刚刚兴起。但我们都知道，农村地区的物流和信息流都是农村淘宝发展的瓶颈，那么，如何突破瓶颈呢？让我们先来了解一下农村淘宝项目是如何运作的。

1. 以县为一个级别，成立运营中心，具体负责以下事项。

（1）负责村级服务站，即合伙人的开发建设、培训与管理工作。

（2）负责村级代购市场特色产品的线下销售、线上到线下（OTO）体验和产品推介工作。

（3）负责县、村两级的仓储与二段物流的服务工作。

（4）负责全县特色农产品的挖掘、设计、包装、标准化和数据化，并向全国乃至全世界推广，负责电商培训和参观接待工作。

2. 村级服务站的具体负责事项如下。

（1）负责代买、代卖与承接相关的便民综合服务工作。

（2）负责承接到村的物流服务工作。

（3）负责电商买卖的资金结算以及金融服务工作。

（4）负责营造村级电子商务氛围的工作，以促进创业并带动相关人员的就业工作。

3. 村级服务站的选点与建设。服务站的选点应采取乡镇把关、村级负责的原则，由村委会为农村淘宝村级服务站提供专用场地作为办公场地，面积不少于20平方米。并且村级服务站采取租赁的方式，期限不少于5年，还应按照"三免两减半"政策，即前3年由乡镇政府来提供全额的租金，而后2年的租金由乡镇和村级合伙人各出一半。服务站的装修由县财政负责，而淘宝网站负责提供电脑、电视、店招等相关的设备。

4. 招募合伙人。原则上应该选择年龄在18～40周岁之间，具有丰富的网购经验，创业意愿非常强烈，并具有良好的沟通能力和个人声誉比较好的人员。具体可按照网上报名、筛选审查、参加宣讲、机试、面试、实地走访考察、岗前公示、培训、签约、试用和考核合格等步骤进行筛选。此外，合伙人还要按照固点不固人、能上能下、优胜劣汰的原则，每个月对合伙人进行考核和奖励，如果合伙人的半年业绩一直排名靠后，就应及时予以清退并重新进行招募。

农村淘宝项目的优势

1. 可以代购。由于绝大多数年轻人都远离农村来到城里打工，所以留在农村的大部分为老人与留守儿童，而这些人群几乎不能够单独操作电脑进行网购。如果在农村办一个淘宝服务点，他们就能非常方便地购买网站上的便宜商品。

2. 快递服务到位。农村地区的交通肯定不太方便，但如果完善了农村的快递服务，比如可以通过县城—农村之间的汽车站来代送、代收货物，就能够克服农村电商物流环节的瓶颈，并大大加快农村淘宝发展的进度。

如今，随着农村淘宝的逐步发展，其信息、网络等技术也在不断地优化中，这就为很多电商企业——甚至中小网店——带来很多机遇和挑战。这样不但能够带动农村经济的发展，而且能够让广大农村地区的朋友们享受到信息化时代为他们带来的福利。

消费升级，跨境电商发展的新趋势

　　跨境电商，指的是分属不同国家关境的交易主体通过电子商务的平台完成交易和结算，以及通过跨境物流发送商品，并最终达成交易的一种国际商业活动。跨境电商能够促进经济发展，并改变世界贸易的格局，为众多中国电商企业和普通消费者带来很多便利。

跨境电商的发展趋势

　　相关部门的调查显示，随着我国经济的快速发展，中产阶层的占比早在2013年时就已经达到了31.6%左右，而且这个数字仍在逐年上升。对电商企业来说，中产阶层对生活品质和高效购物体验的不断追求，就意味着他们的需求正在不断升级。这样一来，就将会逼着电商行业进行转型。

　　由于中产阶层是一个十分庞大的用户群，因此，国内的各大电商平台纷纷瞄准目标，向着"品质化"和"全球化"不断迈进。比如，天猫、京东等一些有实力的电商巨头，他们不断发力跨境电商并打出"全球买、全球卖"的响亮口号。

　　因此，跨境电商是电商行业新的突破与创新落脚点，它既能让广大消费者不用走出国门就可以享受到国外的产品和服务，又能让海外消费留在国内，为国内企业增收创收。据海关部门统计，我国跨境电子商务的贸易总额在2016年有望突破6万亿元，并在未来的几年中，保持每年30%的持续增长幅度。

此外，国内的电商企业也正在谋求变革。因为中产阶层普遍都具有"求新、求优"的心理特征，所以电商企业在选择产品时，应以优、品、惠为主，力求以"精细化"的服务来满足中产阶层，并降低他们在购物决策中的时间成本。只有做到这一点，电商企业才会赢得他们的青睐。

发展跨境电商，为电商企业带来机遇

1. 跨境电商为企业打造国际品牌提供了很好的机会。在电子商务时代，品牌、口碑是电商竞争力的关键因素。尽管很多企业的产品和服务质量很好，但是不被境外消费者所熟悉。而跨境电商为企业创建品牌和提升品牌的知名度提供了一种便捷、有效的途径，特别是为一些"小而美"的中小电商创造了新的发展空间，并产生了很多具有国际竞争力的"隐形冠军"。

2. 跨境电商可以加快促进产业结构升级。跨境电商带动了物流配送、电子支付、电子认证、信息内容服务等服务业和电子信息制造业的发展。更多的中小电商为了加强自身行业的壁垒，就会把目标群体的定位精准化，这种把单一产品卖给特定群体的时代正在来临。

3. 跨境电商，对众多中小企业来说，极大地促进了多边资源的优化配置，以及企业之间的服务共享、资源整合和互利共赢。此外，跨境电商还对政府的对外开放水平起到了一定的推动作用。

跨境电商运营过程中经常出现的问题

1. 信息沟通的问题。跨境网购的买卖双方由于身处不同的地理位置，

因此会出现语言差别而难以进行有效的沟通，这往往需要耗费大量的人力、物力。

2. 网络支付的问题。跨境网购，目前主要的付款方式是信用卡支付，但是由于每个国家金融监管的体制存在差异，因此，在消费结算时会产生很多问题。在很大程度上，支付障碍已经制约了跨境电商的发展。

3. 物流运输的问题。网上购物，物流环节不可避免。而跨境电商的商品运输至少需要两家快递企业来共同承担，因此会导致运输时间比较长，严重影响用户体验。相比国内网购的平均到货时间为4天，跨境购物通常需要7天以上，有时甚至会是两三个月。

4. 法律法规的问题。由于跨境电商还处在起步阶段，因此有关跨境电商的法律还处在逐渐完善的过程中，这可能会让消费者权益受到一定程度的损害。

中小电商如何避免跨境发货出现错误

1. 查询相关国家的海关条例。由于每个国家的海关条例都不同，很可能会出现包裹在这个国家成功通过海关检查，但却被另一个国家的海关扣留的情况。因此，要研究相关国家的海关条例，并事先准备好相关材料，比如原产国的证书等。

2. 仔细填写标签。跨境电商的运输成本非常高，如果客户的收货地址错误而导致不能正常投递，则需要付出高昂的运输成本。因此，我们要尽量避免出现这方面的错误，一般可以通过地址验证系统来避免这类错误的出现。

3. 选择正确、合适的运输公司。通常，特定的运输公司只对某些国家的海关比较熟悉。因此，选择正确的运输公司才能把货物更快地送达。

4. 确认最终负责运输产品的公司。与你签订运输合同的服务机构可能并不负责真正的运输。它会把包裹转交给航运公司，而航运公司为了保证盈利，就可能会选择一种最便宜的且最慢的方式发货。

5. 确保产品包装正确无误。有很多国家要求木质集装箱须通过熏蒸的方式来防控害虫，如果我们忽略这一点，就可能会出现货物虽然到了买家的国家，但最终却被退货的情况。

总的来说，中小网店要想做好跨境电商，就需要做好准备工作，检查所有基本发货的要求，比如标签、相关国家的海关规定、物流运输方式等。因为每个国家采用的方式都不会完全相同，而且只有我们的服务像当地的零售商一样有竞争力，才能保证货物按时到达，客户才不会产生交付忧虑。

第二章

选好选对产品，就意味着成功了一半

网店运营是一项系统化的工作，其中的每一个细节都要做好。开店之初，我们会面临选品的重要问题。一款好的产品可以让很多中小网店赢在起跑线上，但如果这步步走错了，就很可能会满盘皆输。因此，我们在选品时一定要做好分析，然后提取一些核心点并组合在一起，这样就会有一个清晰的思路来选取那些有潜力的产品。

中小网店卖家，如何选款是关键

对中小网店卖家来说，开店之初最难的就是如何选择宝贝。特别是一些用来冲钻的宝贝，款式必须要经过仔细筛选。卖家一定要有眼光，因为选对了宝贝，就意味着成功了一大半。那么，网店选款的关键有哪些呢？本节为大家做一个详细的介绍。

宝贝选款应该参考什么

1. 量子店铺统计。量子店铺统计指的是为淘宝等网店打造的一个专业数据统计系统。当开通统计服务以后，量子统计就能够根据买家的行为来帮助使用者了解买家的喜好、特点以及对店铺单品的热衷程度，从而为网店的推广和产品展示提供更多的数据支持。目前，量子店铺统计有量子统计官方版和量子恒道统计这两个版本。相比而言，量子统计官方版的统计功能更强大，数据也更加稳定。

2. 一些购物分享网站，比如美丽说、蘑菇街、豆蔻街等。这些分享网站在本质上更像是媒体而不是社区，我们从中可以发现哪些是用户非常喜欢的，或是有什么大受欢迎的新鲜货。

3. 对淘宝单品的收藏量进行参考。收藏量越多，就说明某产品受欢迎的程度越高。因此，我们可以参考淘宝网站的单品收藏量来选择合适的宝贝进行销售。

以上这几点对于新手卖家来说都是免费的资源，要予以重视。但如果是准备冲钻的款式，那么只重视前面几点是远远不够的，还应该重视以下两点。

1. 优化宝贝标题的关键词。新手卖家在对宝贝标题进行优化时，不能只凭自己的想象，如果一开始实在想不到好的标题，就应该参考其他同行设定好的标题。比如，可以先站在买家的角度上，对宝贝标题进行全网搜索，然后再按照产品的属性找到10~20个标题进行筛选，这样操作的效果会非常好。

2. 检查关键词的效果。卖家可以根据量子统计中的推广效果，查看买家是通过哪些搜索关键词而来到你的网店页面的，然后再对宝贝标题进行修改。

通过自有资源来选款

自有资源通常包括现有的工厂资源、代购资源、地域资源、人脉资源等。我们在通过自有资源选款时，应该首先清楚以下几个问题。

1. 是否为一手货源。一手货源是处在整个生产销售活动的最前段，价格和质量最有保障，也是最有优势的货源。

2. 时间与精力。在通过自有资源选款时，店主还需确保有一定的时间和精力来投入到网店的运营和管理之中。

3. 资金支持。店主还需要拥有一定的流动资金，以确保网店的运营资本链可以正常运转。

如果以上问题都能够解决，我们所选择的宝贝就可以在零售端具有一定的毛利和价格弹性空间。这样既能保证一定的利润空间和价格优势，又有利于进行一些促销、推广的活动。此外,当网店进行前期推广和日常运营推广时,还可以确保拥有比较充分的流动资金的支持。

当这些问题解决以后,我们应该优先选择哪些产品进行销售呢?

首先,应注意影响产品的季节性因素。可以优先选用一些受季节影响比较小的产品,这样当淡季到来时,网店就不必为了保证销售额而寻找替代品。具体选择时,我们可以参考淘宝指数,也就是淘宝消费者数据研究平台。

其次,注意宝贝受众的地域性。地域性的产品往往会影响到销售的转化率,比如,销售一些像土特产这样地域性极强的宝贝时,其目标购买人群的集中地域如果距离网店卖家仓库太远,或者是在其周边地区的网店也有类似的宝贝出售,这些目标人群就很难舍近求远,来选择距离较远网店销售的产品。

最后,注意宝贝受众的性别和年龄的影响。宝贝的产品特性以及网店的装修风格决定了宝贝受众的性别和年龄层次占比的程度。举例来说,销售坚果类的商家,其网店装修风格主要以"卖萌"为主,但效果却非常好,其中主要的原因是受众群体是女性和年轻人。

通过网络资源型选款

如果你不具备通过自有资源选款的能力,则还可以选择零库存、低风险的开店方式,即网络资源型选款,也就是分销。这种方式既可以通过批发平台来寻找货源,又可以做网店的自有品牌并由网络供货。因此,网络资源型选款又可以分为分销平台型选款以及网络供货型选款。下面就分别介绍一下用这两种方式选款应注意的事项。

1. 分销平台型选款。

(1)品牌加盟。选择品牌加盟,不但可以避免因宝贝没有品牌而导致的价格战,而且可以省去对宝贝的品牌培养,以及相关网页制作等问题。但选择品牌加盟，也是有很多缺点的。举例来说，如果同品牌的同类产品非常多，就可能导致产品的销售会受到一定程度的影响而且宝贝的供货链等问题受到分销商的影响也会比较大。

（2）品牌的搜索率。如果宝贝品牌在其主营产品下或行业热词下前几页的市场占有率过高，那么对刚刚开始经营网店的小商家来说，由于面临着很多实力强大的商家的竞争，就很难有"出头之日"；但如果宝贝品牌搜索率比较低，则其品牌的影响力又不够。通常来说，如果我们的资金、技术方面的实力比较弱，则还是应该先从品牌搜索率比较低的宝贝开始做起。

（3）专注一家品牌。如果能专注于一家品牌并将其做专、做好，同时关注其招募分销会员的数量，就可以避免"同门相残"的情况发生。

（4）注重品牌的季节性问题。如果你选择的宝贝品牌的销量会出现季节性变化，就一定要做好换季产品的替换工作。

2. 网络供货型选款。

（1）选择供货商时，一定要特别注意，必要时可以亲自到实地进行考察，以确保宝贝的质量和货源充足。

（2）要多渠道、多系列拿货，并且多渠道、多系列分销零售。比如，当我们选择面膜时，由于面膜有美白、祛痘、调节油脂、补水等多种功效，而有些供货商只擅长生产一种面膜或是拥有一类口碑比较好的面膜，因此，我们就可以从多个商家选择多种类型的面膜进行销售。

（3）注意树立宝贝的品牌意识，并为宝贝建立独特风格，以便于吸引和维护好新老顾客。

中小卖家开店选品，要注意"三高一低"

很多网店卖家经常会这样抱怨："明明我经营店铺非常努力，而且也很用心地维护、优化，可是结果依然很不理想。"那么，问题到底出在什么地方呢？这完全有可能是在选品方面出了问题，因为如果选择的产品不对，可能还没开始，就早已注定了失败。通常情况下，我们在开店选品时，要注意"三高一低"即高客单价、高毛利润率、高复购率及低更新频率。

高客单价

客单价指的是每一位顾客购买商品的平均价，也就是平均交易金额。其计算公式为：客单价=整体销售额÷顾客数。

由此可见，客单价和顾客数决定了网店的整体销售额。在顾客数相对稳定或者提升顾客数难度非常大的情况下，提升客单价就是提升网店销售额的唯一途径。但就单个商品来说，价格越高顾客购买的数量就可能越少，而价格越低则购买的数量就越多，因此，追求合适的价格以及尽可能高的销售量，就成为提升客单价的主要方向。下面就介绍一下借助客单价提升销量的方法。

在主推产品的销售价格带中塞进高价货。以定价来提升品单价是一项基本功，还可以按照价格带来划分单品数，并在每个产品的品类中适当导入高价格、高价值的商品，以反衬主推价格的"便宜"。

举例来说，通常人们的购物心理表明，一双6元以下的拖鞋就会被认为比较便宜，而超过20元以上就会被认为价格比较高。因此，一家经销拖鞋的网站在其主推的16个单品中，就把最低价格定在5.9元，而且在这个价位上有2个单品，让顾客感觉拖鞋非常便宜；同时，在5.9～19.9元之间又推出很多款拖鞋；但为了拉高品单价，又在25.9元的价位上推出4个单品；随后又突破传统的心理价位，以29.9元的高价推出一个单品。而且在区间分布上明显倾向于低价位的单品，因此，尽管主推产品的客单价不高，但却会提升其销售量。

高毛利润率

经营一家规模较大的网店，要综合考虑仓库的租金、员工的工资、技术费用和网络营销等费用，因此，如果产品没有足够的毛利润率来支撑，网店就很难正常维持。

但也许有人会说："我只需要在淘宝开一家小的网店，技术费用不需要，人员只需家人即可，没有工资，用的是自己的房子，也没有租金。"在这种情况下，的确是有很多显性成本不需要立刻投入，但这只能是暂时的。

淘宝创业者要想做大做强，还是要面对前面提到的那些该有的成本。而且随着包括人工成本在内的各种成本的不断上涨，随时都会面临营销成本升高的问题。并且如今的淘宝网站，像常规的钻展、直通车等广告费用也在逐渐上涨，投放费用也变得越来越高。因此，无论是大品牌、大卖家，还是草根创业的中小网店，都要面对如此高的费用。如果缺少足够高的毛利润率，则不但网店的正常经营维持有问题，而且新产品的研发、设计都会变为遥不可及的事情。

高复购率

我们都非常清楚维护老客户的必要性和重要性，虽然并不是所有的产品都适合老客户维护，像房子、汽车、大件家电等都不是高复购率的产品，但维护老客户是很多企业的命脉。比如，那些使用周期非常短的产品，复购率会非常高，这些产品是特别适合进行老客户维护和互动的。因此，进行老客户维护，将其引入微信、微博中，使用这些现代化的网络交流工具对其进行深度培育，是我们应该做的事情。

高复购率和低复购率的商品，在维护老客户上的手法是不同的。高复购率商品，需要高频率维护和互动；而低复购率商品，只需要保持老客户心中的存在感即可。而且维护老客户的投入费用，也并不取决于复购率的高低。比如，一家卖小商品的网店拼命维护老客户，几年下来，最多也就能从单个老客户身上赚到几百元；而一家卖高档车的商家，如果在维护老客户的几年中，只要老客户介绍一位新客人，就可以赚上万元。

高复购率商品的优势在于，老客户一旦被绑定，就能够在一个固定的时间段内稳定下来，他们会经常浏览你的网店，时不时地买一些宝贝，增加你的流量和成交量；但缺点是商家在维护老客户时会比较辛苦。而低复购率的商品有其明显的劣势，那就是商家要天天去找客源。而客源就是你的猎物，就看谁打得快、打得准。

低更新频率

爱美是女人的天性，她们总是通过不断购买衣服来满足她们爱美的天性。因此，时尚女装就是很多网店的选择产品，尽管它可能做不到特别高的客单价，但是能做到高毛利润率和高复购率。不过，销售这个品类也是淘宝、天猫中最难做的。

这是为什么呢？那就是所谓的"时尚女装"的更新频率。作为比较时尚的东西，一定要跟上潮流，也就是说要经常更新，一般在一个月内至少要更新两次。而且进货也是个大问题，如果好卖，就会出现补货慢或者补货难的情况；一旦不好卖，又可能会有积压库存。如果是自己建工厂，则补货虽然容易一些，但风险也更大。

　　因此，近些年来，除了那些有实力的大商家，中小卖家是很难做好时尚女装这个品类的。于是，很多人就从做时尚女装改为做中高端的运动装。对运动装来说，只需一些基本的款式即可，而且不必像时尚女装那样不停地更新。

中小卖家如何选择好的品牌代理

如今淘宝等电商的门槛越来越低，因此加入淘宝这个大平台的人也越来越多。但问题也出来了，很多产品都是千篇一律的，根本无法吸引买家的注意，或者一个网店的产品虽然很多、流量很大，但转化率却很低。这些都是因为中小卖家在开店前的选品出现了问题，那么我们应该选择哪些品牌代理呢？

选择知名度高的品牌代理

尽量选择知名度比较高的品牌，其优点有以下4个方面。

1. 知名度高的品牌，其推广的难度比较小。

2. 可以利用很多现成的精美图片。很多品牌知名度高的产品，通常都会有制作非常精美的产品效果图，在网店宝贝上架的前期，稍加修改后即可直接上架使用，可以节省很多自己拍摄产品的费用，并且还能节省大量的时间成本，因为产品尽早上架绝对是好事，日后可以一边销售一边优化。

3. 避免陷入产品低价竞争的怪圈中。很多中小卖家根本没有足够的资本玩得起低价竞争，而品牌知名度比较高的产品，通常不会陷入低价竞争的怪圈中。

4. 具有可观的利润。品牌知名度比较高的产品，一般只要销量不差，利润就是非常丰厚的。为了更好地吸引并留住买家，卖家还可以送一些价格比较低或者比较实用、精美的礼品给买家，这样就能够逐渐把销量做起来，进而就会有持续的订单出现。卖家还可以在物流上给买家更多的实惠，比如采取顺丰包邮等措施。

优秀供货商应具有的特点

对中小网店来说，好的货源并不好找，而一个优秀的供货商，也需要具备以下优点。

1. 产品图片清晰且有吸引力。产品的图片对于卖家来说非常重要，因为大部分买家都是通过图片来了解产品的，所以产品的图片一定要清晰，色差的范围也要在认可的范围内，在图片中还要有产品的详情描述以及误差比较小的尺寸规格。另外，一张有吸引力的图片是吸引买家进店、停留并且最终购买的重要因素。

2. 产品价格给力且有优势。有的买家认为便宜没好货，就喜欢买贵的产品；但也有的买家喜欢搜索物美价廉的产品。因此，产品销售的价格，要控制在买家的接受范围之内，不管价格是高还是低，都要符合相应买家的购买水准。对中小网店来说，进价要有优势，这样利润才会越高，而且对产品的销售价格也越有自主权。

3. 产品的库存充足，发货速度快。供货商的库存要充足、准确，有的供货商的库存虽然写得很多，但发货了好几天的时间，也没有物流显示，这种情况就会大大影响网店的正常销售。

4. 对中小网店活动的扶持。好的供货商对中小网店的活动要给予绝对的优惠与支持，而且还要给予经营业绩好的中小网店一定的奖励。

当然，越好的供货商对中小网店的要求也就越高。比如，网店的信誉越高就越容易找到供货商合作，这就需要中小网店提高自己店铺的信誉。总之，对中小网店来说，由于自身的经营实力有限，因此，找到一家好的供货商，就等于成功了一半。

给网店取个好名称，才能成大事

中小卖家的网店要想快速打开市场并迅速提高知名度，就要有一个响亮、深刻的名称。网店的名称也是一种非常好的宣传，太过普通的名称很难让人记住。

要想起个好名称，我们先要了解一下网站店铺起名的规则。首先，店铺的名称必须控制在2～10个汉字之间，其中包括汉字、字母、数字和下划线等；其次，店铺的名称应简单好记，以便于推广与宣传；最后，店铺的名称不能含有一些涉及侵权的敏感词汇，比如"淘宝官方"或者是"××品牌专卖店"等。那么，应如何给网店取名呢？

1. 借名生辉。借助人名、地名来给网店起名，不仅让人知道店主的真正位置，增加信任感，而且能让大部分人都记住。

2. 借点脱俗。借助文学作品或诗词歌赋里面的词语或典故来起名，比较适用于古玩、乐器之类的店铺。

3. 借用商品特色。标明特色的网店名称往往能达到多重效果，网店业务、网店市场地位都能在名称上面体现出来，买家也能更好地分辨与自己的需求是否相符。

4. 投其所好。可以迎合市场买家的特点来为店铺起名，而结合时下的热点是最快的一种方式，这样买家很容易爱屋及乌；而迎合买家的需要，也就是实现最终将产品卖出去的目的，起一个好名称就可加速实现这个目标。

网店运营，关键是与消费者交朋友

随着网店数量的逐渐增多，产品的同质化现象也日趋严重，很多网店的生意举步维艰。因此，有很多网店开始尝试使用微博、QQ群、微信等社交工具获取流量，这不但能让消费者更容易获取网店的信息，而且通过充分沟通，对于提升产品的转化率非常有益。因此，卖家要学习如何留住进店的每一位顾客，从而对他们进行长期营销。

电商社交化的必要性

那些经营过淘宝网店的卖家们，想必都非常清楚淘宝的核心就是转化率。因为淘宝目前的规则是，只要转换率高就可以得到更多的产品推荐，进而实现更多的销量。那么，如何提升转换率呢？最重要的是吸引消费者，使得他们可以经常浏览网店，并购买他们中意的产品。

因此，卖家在向消费者推销产品时首先要推销自己，因为他们认可并相信你之后，才可能会接受你网店的产品。第一印象通常非常重要，此时既需要精通专业，也需要对消费者非常热心，也就是说，专业是根，热心为本。即使卖家是新人，但只要表现出对所卖产品具有足够的专业性，也能让消费者产生信任感。而另一方面，热心也会让消费者产生亲近感，并愿意与你做进一步的交流。

卖家与消费者有了一定的信任之后，就可以通过社交平台来建立客户群，接下来就能比较容易地卖出产品。因为社交可以让粉丝由对卖家人格的认可，进而转化为信赖你的产品，一旦对产品有需求时，他们就会选择购买。

如何快速引爆新品

卖家如果想让刚刚上架的新品快速破零，就应该建立起一整套规划，比如进行提前预热，等到销售旺季到来时，就会产生比较理想的销量。我们还可以考虑用老款带动新款，或者采用在新品销售的前期，以超低价来冲销量等活动，这些都是很好的破零方法。

不过，现实中的很多中小网店根本没有这些资源和能力，而且那些比较大的网店就算有能力和资源，这样做以后投入的成本也会非常高，付出的代价也比较大。

卖家可以实行电商的社区传播，即一开始就将所有进店的访客全都聚集起来，然后让他们加店铺的社交媒体账号进行社交传播。这是一种投入很小、效果却非常好的方法。一般情况下，进行社交传播的网店，其成交转化率要比没有进行社交传播的成交转化率高30%左右。

获得宝贵的流量以后，我们应采取哪些措施

1. 新品破零。当一个新品的初始销量迅速提高以后，它就会对整体销售量有比较大的帮助，这是因为高销量往往意味着高转化率。举例来说，某淘宝网站的一个女装卖家，其微信群里全都是经常光顾网店的老顾客，每当网店有新款上架时，卖家就会立刻发布相关信息，并以5折的优惠来吸引老顾客抢购，这样卖家就能迅速地将新品的基础销量提升，而且后期产品的销售还会有更好的表现。

2. 处理库存。很多产品都有自己的销售周期，一些产品在销售的旺季结束后，由于各种原因可能会产生很多库存。此时，我们必须要处理这些库存以回笼资金。因此，有些大商家就会找一些知名的"大V"为网店推荐，但为此所付出的广告费用也是十分高的，进而导致网店的利润出现大幅下降。但如果我们采用社交传播的方式，让自己的粉丝在销售旺季即将结束时享受一定的降价优惠政策，就能迅速地把库存清空。

此外，当网店的客户粉丝量达到一定的数量级别以后，比如达到1万人左右，卖家还可以接广告为其他商家清理库存。这样不但能够帮助其他商家清理库存，而且能让自己的粉丝群以远低于市场价的价格享受到很好的产品，进而不断增加与粉丝之间的黏度。

如何把淘宝网里的访客变成自己的粉丝

随着微商等社交电商的出现，很多淘宝卖家也都在关注这些新的推广方式。但实际上，淘宝站外顾客的转化率要比淘宝站内的差很多，而且淘宝站内的顾客通常都是以购物为目的。因此，最优质的粉丝其实是在淘宝站内的。那么，我们怎么做才能把淘宝网站内的访客变成自己的粉丝呢？

在淘宝能够监控到的地方，其站内系统是绝对禁止微信和QQ的，但如果超出了淘宝系统，他们也就无能为力了。因此，我们可以在产品包装里放一些自己的联系方式，比如QQ群、微信群等，当买家收到货后立刻就能看到。

对很多小网店而言，其流量来源，更多的是通过自然搜索或直通车流入的。当然，经常参加淘宝官方或是第三方的活动，也会带来一些顾客流量。下面为大家介绍一下吸引粉丝的具体方法。

1. 对于已经完成成交的消费者，可以通过建立QQ群或微信群等社交网络，给他2～5元的红包返现，以示奖励，但必须要做好返现的记录。

2. 浏览网店的访客人数是最多的，通常有100个到店访客就会有5个人成交，也就是5%的转化率。但网店如何才能最大限度地获得访客的关注，需要我们好好下一番功夫。一般来说，访客进店就要适当地给他们一些利益，以吸引其关注我们。比如，送彩票或者参与充话费抽奖活动等，以此来获得访客咨询，这时就可以给他们一些页面链接，然后让他们参加抽奖活动。而抽奖活动通常需要关注微信号、微博号才可以参加，这样就能够比较自然地获得访客的很多信息。

如何与粉丝更好地互动

在社交电商中，获得粉丝只是前提条件，如何让粉丝对网店内的产品产生兴趣，以便于更好地展开后续各项营销活动，这就需要卖家多与粉丝互动。互动也就是交流，交流，一方面是为了让粉丝顾客对你产生一定的信赖感，另一方面是为了提升他们的积极性。这种互动大多是以各种各样的活动为主。

1. 每日签到。这可以让粉丝获取一定的积分，累积到一定程度就可以兑换产品，或者抵扣相应的价格。

2. 免费试用。分享给粉丝一些免费的限量产品，是一种非常好的互动方式。

3. 有奖问答。可以给网店中销售的产品设置一些问题，然后让参与者给出相应的答案，并获得一些适当的奖励，这样既可以活跃粉丝，又能让粉丝增加产品的认知程度。

4. 有奖转发。让粉丝转发网店的一些资讯，这不但能够吸引到更多的人群，而且有助于提升网店的粉丝数量。

5. 让利促销。让利促销能够让粉丝们以少量的价格获取到更好的产品，这是牢牢吸引粉丝最重要的方式。

目前，淘宝非常支持商家在淘宝站内做社交电商，还对新网店、新产品进行一定的扶持。因此，我们要把握住进店的每一位访客，并且让顾客认可、接纳我们，最终获取一个好的收益。如今的淘宝网站也开始做内容营销，目的是将用户留在淘宝网，因此我们应该顺势而为，积极地行动起来，以吸引更多的顾客购买。

淘宝网店新品，如何迅速销售破零

很多淘宝网店的新品都会面临没有流量、没有信誉、没有消费基础这3个难题，以致在具体操作时又会遇到很多问题。比如，在付费营销时因为没有基础数据，所以也就不能做好效果预估；而在免费营销时，又因为新品缺少流量而收效甚微。那么，淘宝网店新品如何打破这些不利的局面，迅速销售破零呢？

老客户是网店新品破零的最佳利器

这非常适合那些已经积累了很多老客户的网店，如果网店积累的客户不多，就从现在开始积累。这是因为绝大多数类目的宝贝都可以通过这种方式进行破零，其好处是显而易见的，比如安全、回购率高，而且还能更进一步维护这些老客户。

下面为大家介绍一下应如何操作。

1. 逐渐积累老客户。老客户，对任何一家网店来说，都是一笔不小的财富。因此，我们可以在每次发货时，在包裹内寄送一张为老客户准备的宣传单，上面记录着网店的QQ群、微信群等，新人进群后就立即为其派发红包。另外，网店还应经常举办一些活动，对新客户进行后续营销，让他成你的老客户。

2. 维护好老客户。其实这是十分简单的事情。比如可以经常在群里聊一些相关的话题。如果网店卖母婴用品，就选一个宝妈做管理员；如果网店做宠物用品，管理员就应该是喜欢宠物的人；而如果网店做女装，那就找时尚的爱美女性做管理员。此外，还要经常在群里发红包，不求多发，只求勤发。

3. 提前预热新品。我们可以先设计一份让利给老客户的方案，如果要想迅速销售破零，就可以对老客户完全让利，也就是完全不要利润，甚至利润为负的，就当是让这些老客户刷单了。文案可以这样写：××网店××新品，上新之初，完全让利老客户，前×××名只需要××钱即可购买。

4. 采用以原价拍新品用红包返现给老客户的方式。让老客户以原价拍下产品，再立即以红包返现。相信如果给老客户让利这么多，一定会有很多人愿意做的。

粉丝破零是比较新颖的方式

目前，随着网络的不断发展，网络上的一些"达人""网红"越来越多，这些人的粉丝众多，如果将他们用到网店销售上就特别有优势。那么，优势是什么呢？就是我们网店中最需要的流量。但这些人距离我们普通的淘宝卖家们到底有多远呢？其实，他们并没有那么神秘。

我们可以把这些"达人""网红"们理解成为"圈子群主"或"意见领袖"。而且很多人在购物时，极易受到这些"圈子群主"和"意见领袖"的影响。因此，我们完全可以将粉丝聚集到微博、博客、QQ群、微淘、淘宝达人以及微信群中。只要在这些社交媒体的圈子内，你是一个"意见领袖"，就可以通过一些专业软文的介绍，利用粉丝来实现新品销量破零。

比如，有一位烘焙达人，她的水平与专业烘焙师相比虽然是业余的，但她却酷爱把自己的作品分享在QQ群、微博上，因此很快就聚集了2000多位粉丝，而这位烘焙达人自己有一个小小的淘宝店，主推烘焙用的工具和原材料，只要上架新品，破零就根本不成问题。虽然她对那些自然搜索、直通车等技术一点儿也不懂，但销量却并不差。

所以，那些未来的淘宝达人们，也许会成为中小网店的最佳出路。

利用爆款产品带动新品破零

那些老客户特别少或者无法利用老客户破零的网店，就可以考虑通过搭配关联交易，利用爆款产品带动新品的策略进行破零。当然，这种方法的前提是必须要有爆款产品，而爆款可以持续地为网店带来稳定的流量，其中更主要的是免费的自然搜索流量。其具体做法如下。

1. 选择爆款可以带动的新品。爆款带动新品时必须是相关产品，比如一件19元包邮的爆款产品，根本不能带动那些价格非常高的高端产品。此外，爆款带动的新品，还必须有爆款产品一样的目标买家群。

2. 新品破零的活动要设计好。可以在爆款详情页或者旺旺聊天中说明：现在购买爆款产品，再加××元（这个××元一定要足够震撼）就可得上架新品。如果想让震撼的效果更加强烈，就可以按照这个公式来操作：割让的利润=爆款利润+新品利润+破零成本。这样价格就会变得足够震撼。

3. 要设定好止损标准。比如，前××件可以执行这个价格，也就是说要设定好止损标准，绝对不能一直亏损下去。

参加活动带动新品破零

其实，这种方法与前面的方法类似，但也要提前设计好。当某产品参加像天天特价、聚划算以及站外一些大流量的活动时，它一定会带来很大的流量和比较多的订单。

比如，文案可以这样写：购买活动产品，加××元即可得到原价××元的新品。此时，我们要注意安排好新品的上架时间，最好安排在参加活动的前两天上架。这个方法效果很好，特别是中小网店。比如，上天天特价，然后带动新品破零，等到新品破零以后，再进行刷单巩固；然后，再上天天特价，再带动新品进入循环。

此外，我们要注意，以活动带动新品的关键是引导，如果引导不好，可能很多买家在购买活动产品之后，就会立即离开。

新开网店，新品如何破零

新开的网店既没有老客户，也没有爆款产品，而且也参加不了活动，那应该如何快速实现新品破零呢？

对此，我们可以多设置赠品，即"买就送！"这个方法建立的基础是吸引流量，因为新网店、新品肯定能够获得网站搜索引擎的流量扶植。但在进行操作时，我们也要注意下列细节问题。

1. 赠品的质量不能太差，有时候可能要比准备破零的商品还要吸引人。比如，麦当劳和肯德基就是这么操作的，买汉堡免费赠送小玩偶，而小玩偶很吸引人，顾客自然就会去为汉堡埋单了。

2. 即使买家退货，赠品也可以不退。虽然说可能会有人得到赠品后故意申请退货，但我们要知道这种人是极少的。

利用亲朋好友和淘宝客为新品破零

我们可以把亲朋好友购买新品当成是刷单，这种方法比较安全。如果网店的产品物美价廉，客单价也不高，就可以这样操作。比如，单价十几元的产品，即使送出去100个，成本也不高，但作为新店、新品，就可以做出一个小爆款。这样免费的自然搜索流量就会在新品扶植期不断流入，效果会很好。像很多经营零食、小饰品等的中小网店，都是这样做起来的。

　　此外，我们还可以利用淘宝客破零。使用这种方法的前提是要掌握一定的淘宝客资源。我们也可以采用高佣金的方式，尽管花费很多，但是把这些成本当成刷单即可。

网店初期，如何打造一个"小而美"的店铺

很多人刚开始做网店，店铺往往不会很大，此时可以尝试着开一家"小而美"的店铺，然后慢慢地将网店一步步做大、做强。那么，什么是"小而美"的店铺呢？开这样的店铺需要做哪些准备呢？其经营之道又有哪些呢？本节就为大家介绍如何打造一个"小而美"的店铺。

"小而美"店铺的特点

通常情况下，"小而美"的店铺指的是店铺不大，产品也并不是很多，但网店的装修却十分精美，而且产品质量非常有保障。但这只是我们简单地从字面上的理解，其实大的店铺也能够做到"小而美"。大店铺要做到"小而美"，其中的"小"指的是店铺的主题非常明确，比如专注于某一项领域，并针对一些特定的用户群体；而"美"则体现在把某一个小的领域做到极致，并做出自己的特色，使得店铺在同类店铺中具有非常高的辨识度。

此外，"小而美"还可以这样理解：一般的店铺是在卖商品，也就是比较普通的商品经济；但"小而美"的店铺却非常重视买家在消费过程中的自我体验，是体验经济。

具体来说，"小而美"的店铺应该处处都精心、细致，有如下特点。

1. 精选的库存量单位（SKU，在淘宝网中指的是产品的销售属性集合，供买家在下单时点选，比如"规格""颜色分类""尺码"等）。

2. 精美的店面装修。

3. 精美的产品展示。

4. 独具个性化的产品。

5. 精准的类目运营方式。

举例说明，一家拥有淘宝五皇冠的女装店，其吸引人之处不仅是简洁明快的装修风格和颇具文艺范儿的商品，还有不可或缺的"个性"。比如，有的店主写了很多生活、心情等方面的杂文，读起来很有味道。因此，在这里，你与店主好像不是那些追逐利益的买家和卖家的关系，更像是在以文会友，从而平添了一份信任、理解和亲切感，这样的体验的确非常独特。

打造"小而美"店铺的原则

老子的《道德经》中有这样一句话："圣人之道，为而不争。"其中"为而不争"这一句话，用在做好"小而美"店铺上是非常贴切的。不要总是想着能够赚大钱，而是要用心地经营你的店铺，首先做到让自己满意，然后是让顾客满意，不留下什么遗憾才好。生活中的很多事情都是这样，如果你越强求就越得不到，反而是你只用心做好眼前的事情而不强求得到结果，却往往能够得到意外的收获。

此外，在开店前，卖家首先要明确网店的目标用户群，然后再创建基于自己特色的商品和创新服务，最后建立自己的核心竞争力并且拥有自己的"产品创新壁垒"，这样才能跳出目前普遍存在的产品"同质化"的陷阱。

对于"心态问题"也要特别注意，因为要做好一个"小而美"的店铺，贵在用心和专心。所以要把店铺当作自己的孩子一样去呵护、培养，让它无可替代，千万不能急于求成，也不可以利欲熏心。

如何打造"小而美"的店铺

1. 产品的类目要专一。如果你的店铺像是一个杂货店，什么东西都卖一些，就很难给人一种"小而美"的印象，而且客户群体也就很难统一起来，不能形成一个固定的风格。这样，无论对前期的自然搜索流量，还是后期的付费引流等，都会非常不利。

2. 个性化服务必须要专注。前面提过，"小而美"中的"小"还有另外一层含义，那就是专注。如果你店铺中的产品是专注于某一个细分领域并且还有足够的竞争力，产品的定位就显得非常重要。定位明确以后，我们就可以基于产品的定位来专注于个性化服务。此外，淘宝网站的搜索引擎不只注重卖家店铺的大小，也会向专注个性化服务的店铺倾斜。

3. 切不可盲目跟风。看到市场上流行什么样风格的产品，就直接选择盲目跟风，这样做也很难打造一个"小而美"的店铺。

打造"小而美"的店铺需要准备什么

1. 选好类目。选择产品的类目时，可以在"蓝海"行业（指没有恶性竞争，而且充满利润和诱惑的新兴行业）中，按照产品的供需指数来选择相关类目，这样选择的产品面对的竞争比较小，还能尽快抢占市场份额，并且实现差异化。此外，最好选择自己最熟悉、最了解的品类，比如自己曾经销售、生产过的品类。

2. 货源好且稳定。"小而美"店铺的货源一定要稳定而且质量好，可以选择像天猫、1688等长期合作的货源，也可以选择适合目标市场的外贸货源，比如俄罗斯、巴西和非洲等地的货源。

3. 店铺优化要突出个性化。通常情况下，"小而美"店铺的优化主要是在店铺首页、详情页模板、产品主图和细节图等方面进行的。但除此之外，优化还要突出产品的个性化，比如产品专注于棉麻材质，专注于森林系或是文艺风格，使得买家在浏览过后，能够留下非常深刻的印象。

4. 不可忽略的辅营类目。"小而美"的店铺一般以经营主营类目为主，但在做好主营类目的前提下，还可以向主营类目的垂直系类目进行拓展。这个拓展的类目也叫作辅营类目。其目的是扩充店铺的品类，吸引、增加流量的入口，以提高店铺主营类目的销量。此外，做好垂直系产品，还能极大地增加买家黏度，并进一步提升客单价。

第三章

视觉管理很重要，
好创意胜过好导购

虽然网店产品的品牌非常重要，但千万不能忽略网店的视觉管理。有人形容女人是"三分长相，七分打扮"，其实对网店销售来说，也是如此。一个精美的页面，能够给顾客带来美感、带来享受，让顾客无论是从视觉还是从心理上，都能感受到卖家对网店的用心经营。因而视觉管理可以大大提升店铺的形象，有利于网店迅速形成自己的品牌，并提高网店的点击量，进而极大地提高网店的成交量。

产品陈列不但要好看，还要有陈列技巧

网店陈列宝贝的目的，是让买家对宝贝能够一目了然，并且很快勾起其购买欲望，使买家迅速做出购买决策，使得网店的宝贝可以卖出一个好的价钱，为卖家带来更多的收益。因此，善于运用一些宝贝陈列的小技巧十分必要。那么，我们应采用哪些技巧来吸引买家呢？

产品陈列技巧一：开门见山放爆款

对于一些爆款或潜力爆款，卖家一定要将它们放置到网店的最佳展示位置，即前三屏。通常网店的首屏是由首页的焦点图来完成的，因此，卖家应该全力打造次屏，让热销商品——也就是爆款——占据这个位置。通常爆款商品很多人都会喜欢，销售量也往往比较大，并逐渐形成所谓的"二八原则"，即20%的商品销售额大于剩下80%商品的销售额。

因此，我们必须将网店中的爆款单独拉出来，并做大这些商品的单品展示设计，大到足以完全展示单品本身，进而逐渐放大其卖点。

对一些新款来说，放置的方式有多种，可以为其单独设置一个新品发布区，或者干脆将其放到热卖区，以帮助其迅速提升点击量和转化率。此外，新品最初也可以放在第三屏，增加买家的新鲜感。但如果新款的转化率高、点击量也高，就可以立即将其变为潜力爆款，然后进行二次包装，进而将其转变为爆款。

产品陈列技巧二：主次分明

我们在对商品进行展示时，应首先考虑买家最需要了解的产品信息，只有符合买家需求的陈列设计才有价值。但有很多网店，或是代理多个品牌的商品，或是在货品组合方面没有风格感，就想当然地认为放在首页上的货品越多越好。实际上，买家此时的感受就好像进入一个杂货店，尽管陈列的宝贝很多，但无法在第一时间判断出其是否符合自己的需求。因此，在粗略浏览一遍后，买家很容易将网页关闭，这会导致客户流失。

因此，网店陈列宝贝要主次分明，一个店铺必须有一个统一的基调和风格。只有这种统一、整体的规划和明确的色彩视觉显示，才能让进店驻足的买家立刻就明确网店的商品定位以及销售对象，进而他们会决定是选择离开还是继续深入了解店铺。此外，即便是买家今天暂时对这些商品没有需求，但店铺具备十分鲜明的风格特点，也会给买家留下非常深刻的印象，等到他真有这方面的需求时，也会很快想起这家店铺，最终成为回头客。

产品陈列技巧三：左右结合法

在通常情况下，当客户进入到网店后，眼睛首先会先向左侧关注，然后再转向右侧的商品。这是人们的一种购物习惯，与我们看书时的习惯是一样的，因此我们在陈列商品时，就可以把引人注目的产品陈列在店铺的左侧，迫使客户在此停留，进而吸引他们购买。这可以充分发挥店铺左侧方位所具有的独特效果，能够大大促进商品的销售。因此，网店要充分利用这个特征，借助商品陈列的左右不同位置给买家不同的感官效果，最大限度地吸引其注意力。

此外，对于商品的长期摆放问题，如果从回头客的角度讲，则商品摆放应相对固定。等到他们再次光顾网店时就可以减少寻找时间，提高其购物的效率。但如果长时间如此，则又容易失去客户了解其他商品的机会，而且还会产生出一种陈旧、呆板之感。因此，当现有商品已经摆放一段时间后，我们就应该适当地调整货架上的商品，使得客户在寻找商品时，有耳目一新的感觉。但摆放变化不宜过于频繁，否则就会引起客户的反感，他们会认为网店摆放混乱不堪，进而产生一种烦躁的心理。因此，商品的摆放变动应该是相对固定的。

产品陈列技巧四：黄金位置

产品在货架黄金位置的销售能力，是提高网店销售的关键因素。通常情况下，如果把宝贝商品的位置，在陈列时进行上、中、下这三个位置的调换，商品的销售额就会出现下列变化：从下往上挪时的销量一律上涨，从上往下挪时的销量一律下跌。由此可见，黄金位置——即"上段"的陈列位置——的优势十分明显。黄金位置在淘宝网店中也就是橱窗推荐位，经常用来摆设那些利润高的商品，或是自有品牌商品、独家代理经销的重要宝贝商品。

而在中、下位置的陈列中，通常在中间位置陈列需要推荐的商品，下层陈列一些进入到销售衰退期的商品，比如摆设一些过季的、断码的、库存不足的，或者是转化率降低的旧款，一般不必用很大的精力去维护这些商品。但未来如果想要清理库存，就可以为它们专门设置一个清仓区，或是参加一些季节性的促销活动。此外，也可以把它们转化成礼品或赠品使用。

产品陈列技巧五：四边捧主角

在网店的一些常规陈列中，还有一些细节方面的问题值得我们注意，其中最重要的是形成主次之分，即四边捧主角。

1. 图片大小。在网店的一个完整页面上，不能让所有宝贝商品的图片大小完全一致，而是至少要有2～3个大图，这样的话，就会形成主次之分。

2. 颜色。当同一行的宝贝商品进行陈列时，要把暖色调或冷色调的商品尽可能放在一起陈列，这样可以统一色调，给人以和谐之感。但也要尽量避免把同颜色的宝贝挨个排列，而是要做到错落有致，形成主次之分。

3. 宝贝商品的价格。通常，人的浏览习惯是极易对相邻两个商品的价格做出互相比较，进而产生购买欲望。因此，我们可以通过中、低、高价的不同来排列商品，这会大大增加中等价位商品的成交量。同时，那些对价格敏感度特高或特低的消费群体，也完全能够迅速找到适合自己需要的商品。

总之，对宝贝的陈列和展示，是一项细致且需要不断更新的工作。在具体操作时，还应该根据不同的销售策略、时间和客户群体来进行调整。但最终的目的，是要把最好的商品，以最合适的方式呈现给潜在的客户。

产品陈列时的注意事项

宝贝陈列是网店经营中需要掌握的必备技巧，也是买家进入网店的第一印象，好的陈列展示能为买家带来愉悦的心情，进而激发他们购买的欲望。而一些专业的陈列设计理念所带来的"陈列效应"，还会极大地促进宝贝的销售量。本节为大家介绍一些宝贝陈列实际操作中的注意事项。

让新顾客轻松找到产品

无论网店的人气如何，我们都要照顾好新顾客这个群体。新顾客进入网店主要有两种途径：一种是直接进入产品页面，另一种是进入首页。

但新顾客进入到首页后，怎么能让他们轻松地找到产品呢？通常是通过以下途径来实现的。

1. 通过搜索框来搜索店内产品的关键词。对那些网购经验丰富的资深网络群体来说，搜索框并不重要，他们更喜欢自己去搜索，但关键词的链接则能够缩短跳转的流程。

2. 清晰的图形化产品类目导航。把图形化的产品类目导航放置在首页的悬浮侧边或副导航的下面，都能够让新顾客看到网店里的相关产品目录。

3. 首页重点推荐三部曲：新款、主推、热款。通常，首页三部曲都涵盖了网店的主打销售产品。因此，在每个区域内的展示数量要合理安排，不能让新顾客在大面积的产品中迷失，而忘记产品目录。

让老客户第一时间找到新品

对老客户来说，应该让他们在第一时间就看到店铺上架的新品。通常情况下，老客户进入网店有下列两个需求：一个是关心新品；另一个是关心网店的促销活动。因此，我们针对老客户的需求，可以开发下列陈列区域。

1. 新品区域。新品区域必须是动态的，更新频率也比较大，还有就是新品更新的数量。另外，这里还要掌握一个技巧，那就是宝贝缩略图的大小要合理。以淘宝为例，可选择的尺寸大致为220像素×220像素，两排一共8款；标题栏的高度也应控制在30像素之内，并且还要将这个区域明显分开。但为了增加新品的点击量，还可以设置一些提醒文字，比如"您还有××款新品未查看"等提示性文字，这对于增加新款的点击率是十分有效的。

2. 促销活动。可以把活动横幅广告引导到新标签页面，或是直接首页全屏展示促销活动的内容，也可以在首页精选出几款促销宝贝作为引导。

对于横幅广告的设计，原则是用色要少，且元素也要少。简单来说，就是突出活动主题。否则，把重点放到炫耀设计上，比如在横幅广告上添加很多特效元素，但却与主题没太大关系，反而会分散顾客的注意力，并影响实际的效果。

而一个好的横幅广告，有让人立刻进入的冲动，具体来说有两个技巧：首先是重复性，其次是夸张。重复性在具体设计中体现的是统一，如配色要统一，不能总是变换颜色。举例来说，我们一看到"白色"的页面就知道是58；而看到"淡绿色"的页面，我们就知道是豆瓣。对于一些非常夸张的东西，我们总是感到非常好奇或是印象深刻而被其深深吸引。比如，很多网站内一些令人叫绝的设计图片都是用非常夸张的方式来表达的。

主打产品需在最合适的位置展示

这是一个常识性的原则，选择主打产品很好理解，但最难做的就是选择最合适的位置，这需要进行一番调整和反复的试验。因为有一些网店会根据很多顾客养成的浏览习惯，在网店首页开头的位置就展示主打产品，而另一些网店却会在每个产品详情页的首部放置主打产品。

此外，在陈列主打产品时还应注意：主打产品要集中展示；主打产品要尽量放在新顾客进来的渠道口，这并不只局限于首页，因为有一些做了硬广告的产品页面也可以直接进入通道；主打产品的文字、图片介绍要非常醒目；主打产品的收藏量、购买量等有助于销售的数据也要集中展示出来。比如，在文字链接上添加"收藏人数×××人"或"购买人数×××人"等。这些文字和数字都能在潜移默化之间，影响着消费者的最终决策。

展示模块的数量要合理，模块之间要有界限

网店首页的新款展示区域是一个功能模块，这片区域往往会在横排展示8款产品，并且还会有一些收藏量、购买量等辅助功能模块。但模块的数量需要合理控制，千万不要认为，模块越多越好。因为顾客往往会有一个相对固定的浏览时间，如果模块过多，顾客就会看腻。

此外，每个模块都有一些特殊的功能，就好像在不同的货架上展示着不同的宝贝一样。因此，对这些功能模块要有界限划分，这便于让顾客从这个模块浏览到下一个模块时概念清晰；否则，他们可能在看了一大圈后连自己看了什么都忘记了。

那么，如何划分各个模块的界限呢？通常是使用带有标题的横条，或是使用不同的颜色块来区别，还可以使用图形化的展示区域来加以区别。而对于区别的方式，可以是文字、图形，也可以用结构等方式来区别。

要避免宝贝陈列的操作误区

1. 产品搭配无系列感，且零散销售、单款盲目。

2. 宝贝既没有主题，也没有感染力，不能吸引连带消费。

3. 陈列以我为本、以货为本，并且按照盘点复杂度的高低来决定货品组合的陈列方位。

4. 为了刻意营造宝贝的均衡而凑数，导致盲目增加单元区域内宝贝的数量和品种，并忽视货架的容量与商品类别之间的比例。

5. 零散和独立的点缀式摆设过多，结果与宝贝的主题出现脱节，而且刻意营造出一种情趣和格调，导致过于夸张或失真。

6. 对于特价品和正价品展示的区域单元没有明确界定，也没有明确的标识。

7. 宝贝橱窗在展示时，没有同时考虑到远看和近看的效果，导致顾此失彼，并且白天反光十分严重，而补光则遮光不足。

8. 宝贝陈列的方位长期没有调整，导致空间失衡以及出现滞销的可能性。

产品描述有创意，才会更具说服力

大量的数据证明，网店中产品描述对于吸引顾客、促进成交量的提升非常重要。顾客们在浏览宝贝信息时，很少会关注那些凌乱无序、敷衍业余的宝贝信息，但一定喜欢驻足那些内容清晰明了、描述非常专业的产品信息。本节就为大家介绍一下如何添加产品描述的内容。

主题明确，突出特色，富有个性

为产品设计描述内容，要主题明确、突出特色、富有个性，具体来说，应满足下列要求。

1. 宝贝描述的风格，要与网店的风格保持基本一致，突出并反映本店的特色。因此，在设计宝贝描述之前，应该先熟悉网店的整体风格，而且宝贝描述的用色也最好与网店的整体颜色相近。用色切忌反差过大，一般最好不要超过3种颜色，如果过多就会给人以华而不实之感。通常以主题明确、风格简洁清新为宜，让买家一目了然，能够明确表达出具体的销售对象，也可以使用标志性的图片或其他更明显的方式来彰显网店的特色。

2. 找准网店的定位。网店的定位对于宝贝的文字描述非常重要。随着当前网上购物体系的逐渐成熟，价格已经不再是决定网店卖家生存、发展的唯一因素，越来越多的消费者更加关注宝贝的质量和售后服务。因此，我们必须要定位好网店的潜在消费群体，举例来说，经营时尚服装的网店，就要先考虑受众范围，要照顾到那些喜欢跟潮流的年轻人的感受，选择适合他们风格的宝贝，而不是随随便便摆出宝贝来。如果我们没有定位好顾客，宝贝就很难有市场。

3. 定制符合自己风格的产品描述模板。宝贝描述的模板一般选用750像素的窄版，可在左面设置产品分类和淘宝认证等项目的标志，这是为了便于买家访问其他商品，同时还能增加买家对网店的信任感。

宝贝描述，贵在真实

网购是有软肋的，那就是真实性。这也是很多消费者最为顾忌的一面，也容易为此产生很多纠纷。因此，为了能让买家在网店购物放心，除了要保证产品的质量以外，还要对产品展示的图片和描述内容等方面，在保持适度艺术修饰的前提下做到严谨真实。事实胜于雄辩，没有"浮夸"的产品描述，可大大增加网店的可信度，还可以留住回头客；否则，就可能失去顾客的信任，从而变成"一锤子买卖"。夸张的图片或描述，可能连我们自己都无法自圆其说，就不要放在网店里面。

具体来说，要做到以下两点。

1. 产品要实物拍摄，图像保持清晰。如果条件允许，则要尽量选择实物拍摄，因为实物的图片更具有说服力。可让镜头赋予产品图片充分的话语权，文字方面可简洁明了，说明产品的性质、特点、优势等，给顾客最直观的感受。但在保持宝贝图像原貌的基础上，可以做一些适度的艺术修饰。

2. 产品图片选择的禁忌。选择产品图片有两个忌讳：一方面是原图为完全"原生态"而没有做任何修改；另一方面是图片添加水印的位置不正确，过多、过滥会影响产品的整体感观。

此外，当顾客浏览网店宝贝描述的页面时，如果平均访问的深度数据达不到2秒钟以上，卖家就必须要警惕宝贝的页面描述了。这说明宝贝描述没有做到位，消费者缺少点击下一个图片的欲望，此时，我们需要及时改进宝贝描述。

让宝贝的描述具有一定的文化气息

文化的力量非常强大，尽管我们的网店只是一个小店，但也要有做大、做强的愿望。因此，在进行宝贝描述时，要有意识地把文化理念渗透进去。浓郁的文化气息，会给浏览网店的消费者一种视觉上的艺术享受，并充分激发其潜在的购物欲望。

如果有一份非常到位的宝贝描述，则即便他们不会立刻购物，也会收藏而成为潜在买家。

如何增加文化气息是一个非常抽象的概念，并且因店而宜，具体操作时不可盲目照搬。要多学多看一些专业网站的设计，取长补短并为我所用。

此外，当我们做好"宝贝描述"以后，还要把与之相关联的宝贝也全都准备好，并且让消费者在浏览宝贝页面的同时，有一些更多的选择余地。

宝贝描述的具体板块

一个完整的产品描述，应包括以下板块。

1. 消费引导。好的产品描述页面，能够让顾客更好地了解产品，直接引导并改变消费者的心理预期，以达到非常良好的效果。

2. 市场定位。产品定位是众多卖家们面临的难题，产品的定位决定其地位，格局决定着结局。但我们可以这样理解，产品是用来满足消费者需求的，因此如何定位，还应注意产品所面对的消费人群，也就是说，产品只有定位准确，才能创造出最大的价值。

3. 塑造品牌形象。卖家对于这个版块的关注往往不多，但其实这个版块非常重要。这对设计师的要求非常高：不仅要求设计和技术的水平到位，而且要有强烈的品牌意识。良好的品牌形象可以增加消费者的信任度，并让消费者感受到宝贝不是普通的地摊货，而是具有很强市场竞争能力的品牌。

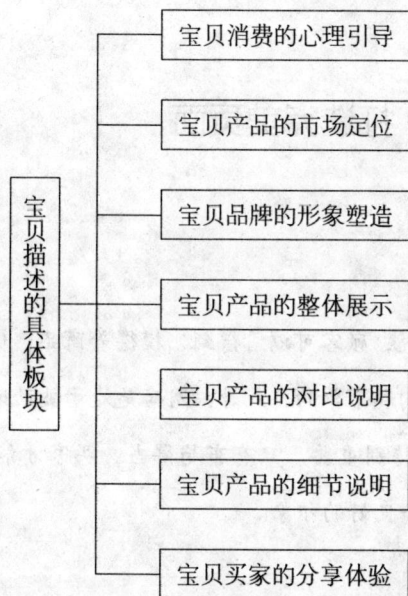

```
                       ┌──────────────────┐
                 ┌─────│ 宝贝消费的心理引导 │
                 │     └──────────────────┘
                 │     ┌──────────────────┐
                 ├─────│ 宝贝产品的市场定位 │
                 │     └──────────────────┘
   ┌───┐         │     ┌──────────────────┐
   │宝贝│         ├─────│ 宝贝品牌的形象塑造 │
   │描述│         │     └──────────────────┘
   │的具│─────────┤     ┌──────────────────┐
   │体板│         ├─────│ 宝贝产品的整体展示 │
   │块 │         │     └──────────────────┘
   └───┘         │     ┌──────────────────┐
                 ├─────│ 宝贝产品的对比说明 │
                 │     └──────────────────┘
                 │     ┌──────────────────┐
                 ├─────│ 宝贝产品的细节说明 │
                 │     └──────────────────┘
                 │     ┌──────────────────┐
                 └─────│ 宝贝买家的分享体验 │
                       └──────────────────┘
```

4. 整体展示。这个版本的本质为提取卖点，通常提取3个卖点即可。可以把自己当成消费者，然后总结出可以说服自己，甚至是感动自己的宝贝的优势即可。

5. 对比说明。俗话说"货比三家"，这样能够客观地比较出宝贝有哪些优势。因此，在宝贝描述中可以做一些相似宝贝的PK图片，让买家一目了然。

6. 细节说明。细节方面非常关键，因为各种同类商品之间，在大的方面都是相差无几的，此时的细节方面就显得尤其重要，所以应该多注意细节。

7. 分享体验。买家的好口碑是宝贝最好的广告，其背后往往都会有巨大的潜在市场，因此分享一些好的用户体验，是推广宝贝的最好方式。

做好网店布局，打造完美页面

对线下实体店来说，顾客可以看得到、摸得着商品；但通过网店购物，顾客是自主完成商品的选购和下单的，此时，网店是处于被动地位的。因此，做好网站的页面布局就显得特别重要。只有布局得当，买家才能更容易找到合适的商品，对网店也会有一个良好的印象。

网店页面的基本布局

基调是最先要确定的，这通常与网店销售的宝贝品牌相关。销售什么样的品牌，就要选择与之相关的色调，因为色彩是识别品牌的根本性元素。根据美国马里兰洛约拉大学的色彩研究表明，一个非常合适的色彩运用，可以让品牌的辨识度有80%左右的提升。例如，如果品牌来源于法国式的浪漫风情，我们在背景基调的设计上就可以采用紫红色。但如果是常规的用户界面，就建议大家在用色及色调的处理上尽量要简洁。

第1屏可作为宝贝品牌的介绍。因为网店不但是销售商品的平台，而且是一个品牌宣传的平台，所以，网站的第一屏就要把宝贝的重要特点彰显出来，还可以用图片结合文字，至少有3张图片轮播，以凸显品牌本色。

第2屏应该展现网店的主打宝贝，也就是主推款。在这个位置上，应该保持上下屏的内容连贯、流畅。

第3屏和第4屏是宝贝的展示区。但一些网店却把这个区域放弃了，整页都是用一些大图而做的链接。首页的主图如果不一致就会显得特别凌乱，当顾客在搜索时感觉到你的店铺主图的风格不好，那么与主图风格类似的其他图片也就很难再吸引到顾客。所以，我们要按照规格去分布，这样显得没那么乱。

末屏的内容为一些促销活动的相关介绍。一般很多网店都会把这些活动介绍放在首屏的位置，但如果你的产品比较少，拉两下很快就会到底，这会让顾客有常突兀之感。因此，还是放在末屏会显得比较和谐、自然。

网店的每一屏放哪些内容是非常有讲究的，如果网店的页面布局框架设置不当，就会大大影响到店面的美观。因此，卖家应该仔细考虑在每一屏放置哪些内容，并且与品牌密切相关。只有体现出产品的品牌特色，才能让你的网店更加出色，从而吸引到更多的客源。

宝贝分类页面的设置

宝贝分类页面能够显示网店所有宝贝的分类信息，而且很多顾客有通过宝贝的分类页面来搜索宝贝的习惯。因此，好的宝贝分类页面可以更好、更快地帮助顾客搜到他们需要的宝贝。

我们在设置宝贝分类页面时，首先要考虑通道的合理性。而在设置分类时应注意，必须要恰当地使用宝贝的几种排列显示顺序，并且还要根据网店自身的实际情况来做出相应的变化。举例来说，通常新开网店的成交量不高，此时就要尽量避免使用销量排行，因为这样会打消顾客的购买欲望。但如果网店需要打造几款爆款，此时就必须要借助销量排行了。因为按照价格排行和收藏排行来搜索宝贝是相对比较少的，并且这两种方式对于顾客来说也没有太大的实用意义。另外，还可以使用按照新品排行，这能够让顾客第一眼就看到网店的新品，大大增加上新宝贝的曝光率，并有利于提高其成交率。需要强调的是，这些排列显示的顺序需要经常变化使用，并且要按照网店的具体情况来决定采用更合适的顺序。

对整体页面布局进行优化

在淘宝的量子统计中有一个装修热点图，打开后我们就可以看到网店中的哪些元素更受到关注，或是哪些元素比较冷门。对于那些热点元素我们可以把它的位置上调，就能更大限度地发挥其热点效益；而对于冷门元素可以适当下调位置，使得其能为热点元素空出多余的空间来。

另外，我们如果想把冷门元素变成热点元素，就可以对冷门元素进行相应的处理，并改变它的表现形式。例如，如果之前是文字信息就可以改为图片信息；如果之前是图片信息就可以改为动态信息。除了频繁改变冷门元素的表现形式以外，我们还可以改变冷门元素的具体位置，如果某些特定元素在一些特定的位置上会更受欢迎，那么就可以对其做出改变。

通常情况下，影响网店页面元素关注度的因素有很多，所以我们要通过长时间的观察才可以得到更准确的反馈信息。如果冷门元素在经过修改后，在很长时间内仍然未能得到更大的关注度，卖家就要把这些元素删除并给其他新生元素提供相应的空间，以更大限度地吸引顾客的关注度。

网店尾页的设置

关于网店尾页的设置，通常系统会默认为一个布局单元，但模块可以添加一些自定义的内容。这里我们要注意，网店的首页和尾页应该相互呼应，这样可以让网店看起来非常完整，并且还能为网店分流发挥很大的作用。

因此，我们在做网店尾页设计时必须要保持网店整体风格的统一。另外，也可以放一些能为买家带来保障的信息，比如卖家电话、联系地址、售后问题、快递、色差、发货时间以及无理由退换等，顾客看到这些信息后，能够更加信任卖家。

　　此外，网店还可以根据自己的实际情况，放置一些顾客想要得到的其他信息，比如一些在线的客服，既能够展示网店有多少客服在线，也能展示网店的实力。而像一些发货须知、购物导航、友情链接以及宝贝论坛的网址信息等，都可以放在尾页。我们只有尽可能地利用好网店的每一个部位，才能给店铺创造出更多的价值。

网店装修，既要重视外表又要重视内涵

有些开店新手可能会有这样的感觉：网店一开只要有产品卖就可以了，还需要花费更多的精力来装修网店吗？其实这是一个认识上的误区。网店装修与店铺装修的目的是一样的，都是为了吸引更多的顾客，为店铺带来更多的销量。

将宝贝的图片优化到最佳状态

装修网店是为了衬托我们销售的产品，并吸引更多的顾客点击浏览，其中最重要的是把我们所销售商品宝贝的图片优化到最佳。具体来说，可采用以下几种方法。

1. 宝贝图片的尺寸（即像素）要适当。熟悉电脑或手机操作的人都知道，图片的大小相对文字而言，要大很多倍。因此，如果图片过大就会让网页的加载速度变得很慢而影响顾客阅读效果；但图片的尺寸如果太小，又不能完全发挥出图片应有的效果。所以，宝贝图片的尺寸一定要适当，对于具体的尺寸，大家可以参考一下几大门户网站所采用的图片尺寸。

2. 使用图片的格式要注意。目前，我们在网页上常见的图片格式通常有GIF、JPEG、PNG和BMP等，由于PNG和BMP图片格式的体积比较大，也容易影响加载速度，因此，建议大家选用GIF和JPEG格式。

3. 做好ALT标签。ALT标签是网站上对图片所做的文字提示。但我们有时在发宝贝图片的过程中，往往会把它忽略，造成有一些图片没有ALT标签，这会严重影响到图片的搜索。

4. 保留图片水印。水印有宣传网站并见证版权的作用，因此，宝贝图片必须要做好，而且不能让水印影响图片的整体感觉，否则就会起反作用。

5. 要控制图片的数量。宝贝图片在于精而不在于多，因为图片过多，一方面增加网页的打开速度，而另一方面还会增加网页布局的难度。所以建议大家，除非是全图片网页，否则在一个网页的正文中，不宜超过3张图片。

6. 图片要做本地化处理。本地化处理的图片好处很多，比如可以加快图片加载速度，防止图片日后出现丢失，并带来更多的流量。

7. 把宝贝图片存储在一个专用文件夹内。这样做的好处是既方便管理网店的图片，又利于搜索引擎的索引与收录。

8. 在交换链接时，不要把图片作为锚文本。因为采用图片的方式进行交换链接，其链接效果要比文字链接差很多。

宝贝信息介绍要清楚

当店铺有了浏览量以后，如何留住浏览的客户呢？此时，对宝贝的描述就显得十分重要。商品宝贝模板的主要模块有：商品大图（即广告图）；商品描述，其中包括产品参数、产品材质、产品卖点、产品细节、产品展示等；最后是买家的购买事宜以及配送方法，其中的一些关键事项可以放在广告图内。下面，我介绍一下具体的操作步骤及内容。

1. 宝贝的网页描述。顾客有没有把宝贝继续看下去的耐心，其中的关键是广告图。广告图要美观大方，并选择一些优惠方式来吸引顾客。

2. 宝贝的详细介绍。这是决定顾客是否购买的主要因素，主要包括以下几点。

（1）宝贝的参数。宝贝的参数制作应该简单易懂，不需要特别复杂，主要是为了让顾客详细地了解宝贝的具体特点。

（2）宝贝的材质。可在宝贝的参数中显示，也可以与其他同类宝贝做一些简单的对比介绍。

（3）宝贝的卖点。要尽量详细一些，比如介绍爱上宝贝的N个理由等。

（4）宝贝的细节。要详细介绍宝贝的具体做工等信息。

（5）宝贝的展示。可将宝贝以各个拍摄角度展示。

3. 宝贝的售后服务。比如有关退换货、快递、七天无理由退货等问题，都要详细地描述清楚。

此外，我们在描述宝贝信息时，还可以添加一些比较高端的词，这样做可以让顾客感觉宝贝是很"高大上"的，比如正品、顶级、高端、销量第一等词汇。这些词汇能够增加顾客对产品的信任度。因此，店家可以寻找自己宝贝的特点和优点，并且对这些信息进行一定的修饰，以更好地吸引顾客购买。

如何更详尽地描述宝贝

网店营销的关键就是宝贝的描述。如果做好网店宝贝的描述，则不仅能够突出宝贝的亮点，而且可以吸引到更多的流量。那么，如何做才能让宝贝描述变得更加吸引人呢？

网店的宝贝描述虽然需要简洁明了，但是不可过于简单。网店宝贝的描述不宜过于简单，尤其是宝贝相对于其他同类产品有优势和特色的信息，必须要详细描述出来。

宝贝描述资料主要来自以下几个方面。

1. 由供货商提供的宝贝信息。对于宝贝的材料、产地、售后服务、生产厂家以及性能等相关信息，可以要求宝贝的生产商或供应商提供。

2. 由买家的提问或者是使用过后的反馈信息。这也是一个收集宝贝描述信息的重要途径，尤其是对那些有着长远规划的商家来说，他们特别重视这个信息渠道。因为这不但能够完善自己网店的宝贝信息，而且能够进一步发掘宝贝的新卖点和做好细分市场。

3. 经常去同行中参考其优异之处。网店中的优秀者众多，无论是老牌网店还是后起之秀，我们都应该经常浏览并学习他们如何添加宝贝描述。

4. 在生活中多多留意、挖掘与宝贝有关的生活故事。虽然说这并不属于宝贝描述的信息范畴，但如果能够添加一个与宝贝相关的感人的故事，就更能打动消费者。

网店的装修风格要独具特色

网店的装修风格就是其自身的一种形象，一个具有独特风格的网店会给消费者留下非常好的印象，使得他们能够带着愉快的心情来浏览网店的宝贝。这不但会大大增加顾客停留在网店的时间，而且会提升网店的转化率和成交量，进而提高网店的竞争力。

网店装修要突出个性

如何装修才能让网店与众不同、突出个性呢？这是一个不容易解决的问题，因为这要涉及很多方面的问题。网店装修和实体店相比，尽管没有那么琐碎，但在网店装修中也要做到时尚、得体、大方、特别等，特别是要突出个性，这样才能给别人留下一个好印象。

这里所说的"有个性"，不是那种特别花哨或者是非主流的设计，而是要融入自己的个性，或者融入自己的元素。

对网店的招牌——也就是店招——进行装修时，其装修效果通常要做到大气、简洁，还要具有一定的时尚性和个性。店招是以宣传网店为主的，因此推荐大家选用几张能够体现出本店宝贝特色的图片以及有个性的文字来装点店招，使得顾客进入你的网店以后，一看到店标就能够清楚网店是卖哪些产品的。

但有很多店主，往往会把自己的喜好当成个性，添加一些乱七八糟的颜色，甚至在装修时把店招拉长、变形、扭曲，结果导致店招的装修效果与网店的整体效果完全不协调，因此，绝对要避免这种情况的发生。

突出网店的风格

网店装修要有整体的布局和美感，同时还应该突出宝贝的特色。也就是说，要按照自己销售宝贝的具体亮点，在装修的基础上突出宝贝的特色，比如是青春靓丽还是高贵华丽。下面，我介绍一下网店装修的具体要求。

1. 整洁真实。不能把宝贝简单地罗列上去，否则，难以体现出网页的层次感。一个整体装修效果看起来简约、时尚的网页，才是最吸引人的网页。

2. 整合模块。装修时，大家应注意，对于版块和版块之间的装修，只需贴切一点儿即可，也就是应该保持统一、简洁。一个视觉效果良好的网店，才能吸引顾客并在店铺停留更长的时间。

3. 海报宣传。海报在网店运营中起到了很大的宣传作用，所以大家在装修网店时千万不要忘记，尤其是在当今快速浏览的时代里，每个人都喜欢浏览图片，而对那些长篇大论敬而远之。这些细节的处理，都是我们在对网店进行装修时必须注意的。

如何打造一个有特色的网页

1. 利用特殊的关键词展现宝贝的优势。对顾客来说，他们往往会被标有"日销上万件""全国销量第一"等类似词汇所吸引。此外，店主还可以挖掘出一些适合自己宝贝的词汇来形容，使得顾客能够了解到我们的宝贝是最独特、最靠谱的，同时也是性价比最高的。

2. 引导消费者对产品的相关知识进行了解和识别。对一些不常见的产品来说，我们在装修布局时就要设想，顾客们对产品并不熟悉，他们除了要求商家对产品进行详细描述以外，商家还要在宝贝的详情页面中，添加一些宝贝的专业知识来识别宝贝的好坏，进而引导顾客购买。当然如果有对比图效果就会更好，他们也更容易接受。

3. 注重图片的视觉营销。网店的特点是看不见、摸不到，顾客唯一能够感知宝贝好坏的途径就是图片，但是有些卖家会嫌麻烦，直接上传厂家提供的宝贝图片。其实这些宣传图片有时候会出现严重失真，顾客肯定也能看出来，这就大大降低了他们对网店的信任度。因此，为了把宝贝更好地展现在顾客的面前，我们应该请专人来拍摄宝贝图片。

如何装修产品分类模板

产品分类是非常重要的，它可以让顾客迅速找到自己需要的产品。那么，我们在装修网店时要如何处理产品分类呢？我们可以先进入到"我的店铺管理"的界面，随后再点击左上方的"宝贝分类"并进入到分类面板，然后添加各个分类的名称，再选择具体的排序，最后点击"添加分类"。

但此时我们应注意，如果我们使用从网上购买的模板，就可以直接进行到应用，使用起来非常方便；但如果我们使用自己制作的装修模板，就需要把网页放入到图片空间，然后等到获得链接以后才可以应用到网店中。我们还可以把宝贝添加上网店的水印，这样的话，我们自己制作出来的网页效果也是非常美观的。

此外，网店的公告栏位于店铺首页的右上角，买家可以从公告栏中随时了解网店的实时动态，我们还可以使用代码对公告栏进行装修，使其变得更加美观。网店公告栏的装修步骤为：首先要进入到"我的店铺管理"，点击"基本设置"，随后在公告区域内再点击"编辑源代码"，接下来复制购买的公告模板代码，然后贴入到店铺的公告区并进行编辑，最后再预览、保存即可。

掌握好上架时机，让宝贝流量翻几番

在网店的经营过程中，我们需要对店铺中的宝贝进行上、下架的操作。但选择宝贝的上架时机其实是有很多技巧的，因为上架时间可以直接关系到宝贝在搜索前台得以展示的机会。如果管理好宝贝的发布时机，就能为网店带来更多的浏览量，宝贝也就得到更多的推荐机会，有事半功倍之效。

宝贝的上架时间的重要性

宝贝上架的时间为什么重要呢？简单来说，上架时间决定着顾客在搜索关键字时宝贝的排名。因为当顾客搜索关键字后，宝贝的排名位置是按照其下架的剩余时间决定的，越接近下架的宝贝，排名就越靠前。这种按照剩余时间来决定宝贝的先后排名，对所有卖家来说，都是公平的。

为此，我们能够得出以下结论：宝贝在即将下架的一天至数小时，尤其是最后的几十分钟内，将会获得最为有利的宣传位置。

但这个结论是有前提的，那就是宝贝下架的时间是一个非常合适的时间段，即属于搜索的黄金时段。这是因为，如果宝贝下架的时间是深夜或者是凌晨，此时浏览网页的人很少，那么即便此时您的搜索排名特别靠前，也没有任何实际意义。

宝贝的最佳上架时间

从前面的分析得知，选择宝贝最佳的上架时间可以直接影响宝贝关键字的搜索排名，也就是说，可以为你赢得更多、更有利的推荐机会。通常情况下，宝贝的下架最佳时间即为宝贝的上架最佳时间。因此，在买家上网高峰期这个黄金时段，如果能让宝贝获得更好的关键字搜索排名，这一个时间段就是宝贝下架的最佳时间。

根据相关资料所反馈出来的信息显示，每天上网的高峰有下列几个时段：9：00—11：30，14：30—17：30，19：00—22：00。当我们清楚买家上网的高峰期后，我们即可安排宝贝在浏览量多的时间段上架。但如果你是兼职做网站的，白天没有时间操作宝贝的上架，就可以在晚上空闲时安排宝贝上架。这样也可以大大提升宝贝的浏览量，进而提高宝贝的成交量。

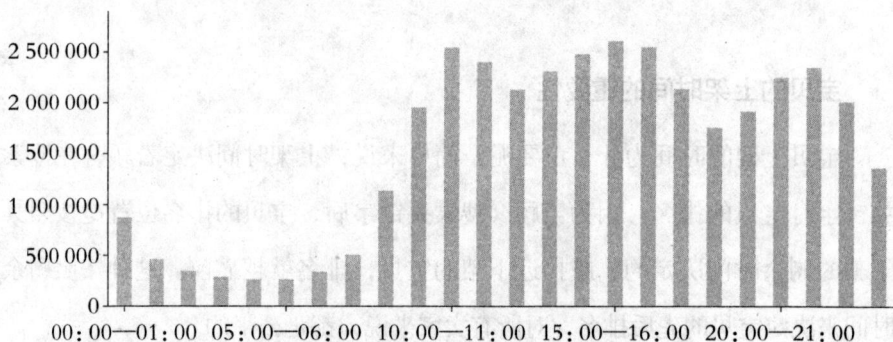

网店的浏览量与每日时间的对比图

宝贝上架的具体操作

首先，要将宝贝的发布期改为7天。宝贝的上架时间有7天和14天这两种选择，有很多网店为了省事，就将发布期改成14天。但如果采用7天这个发布期，则尽管增大1倍的工作量，但宝贝能多获得一次排名靠前的机会。

其次，不要在同一个时间段内发布所有宝贝。如果将待上架的宝贝同时发布，就意味着1周内只有1天，宝贝是排在比较靠前的位置。但如果每天都发布，并且在1天的3个黄金时间段共发布3次，宝贝的浏览量就会大大提升。

举例来说，你的网店内一共有500个宝贝，在1周的时间内，应该如何安排宝贝的发布呢？我们先按照宝贝的总数500，除以1周的天数7，得出每天应该上架的宝贝数量大约为71个宝贝。然后把这71个宝贝，按照3个上网黄金时段来平均分配。比如，先在上午的10点钟左右上架一批宝贝，然后在14点钟左右上架一批宝贝，最后在19点钟左右上架一批宝贝。具体操作可通过淘宝助理，将所有的宝贝按照1～500编号，周一是1～71，周二是72～142，以此类推，最后按照设定好的时间将宝贝分批上架即可。这样就能把1周内的500个宝贝全部排满，并在最合理的时间段上架。

同类宝贝应该分开上架

对种类相同但价格、规格不同的宝贝来说，如果在同一个时间段一次性全部上架，那么在之后每个星期内，就只能有一天的几分钟内宝贝是排在前面的。因此，在同种宝贝款式足够多的情况下，我们就可以将其分成14份，在每天2个网购的黄金时间段内分别上传1个。这样的话，宝贝在一个星期的上下架周期内即可实现全部上架完毕。尽管这样会比较麻烦，但操作后的实际效果非常明显，宝贝在每天的黄金时间段内总会出现在关键词搜索结果的前列。

此外，网店卖家也要根据自身宝贝的销售策略来调整相应宝贝的上架顺序。比如，在一整天内，如果某类数码产品的成交时间段主要集中在晚上，就可以将其他种类宝贝的上架时间调整到白天，而让数码产品集中在晚上呈现。这样就可以合理安排每天甚至每小时的具体上架宝贝了。

如何科学地利用橱窗推荐位

在网店中，橱窗推荐位起到了非常重要的作用，尤其是对一些新手卖家来说，最初的生意往往来自于橱窗推荐位的宝贝。因此，做好橱窗推荐位很有必要，切不可随意使用橱窗位。

但很多人都会感觉到：网店里的宝贝非常多，可橱窗推荐位却很少，那么，如何操作才能发挥橱窗位更好的效果呢？那就是把即将下架的宝贝用到所有的橱窗位上。基本的步骤是：点击销售中的宝贝，然后翻到最后一页并选中宝贝，点击橱窗推荐，重复操作，直到把橱窗位选满为止。而且我们还要注意，应该随时补充、调整橱窗位，切不可让推荐位空着。

但如果即将下架的宝贝数量很多，可橱窗推荐位不够，则可以选择网店销售量最大、最畅销的宝贝。因为在网店搜索排名的规则中，有一个很重要因素就是"销售量"，如果宝贝的销售量很大，就会优先排在搜索排名的前面。那些不畅销或竞争能力不强的宝贝，就不需要使用橱窗推荐。

此外，我们还可以增大宝贝的收藏量和浏览量。前期可以通过一些朋友去收藏宝贝，然后再利用赠送积分、代金券等方式，来迅速增加收藏的人气。最后，也有人使用一些刷浏览量的软件来扩大宝贝的浏览量。

第四章

搜索排名，
网店推广的重中之重

做网店运营，流量就是网店的生命线。如果没有流量进入店铺，其他的后续工作就难以为继。而对淘宝网店来说，在如今这个搜索为王，网民也变得越来越依靠搜索的年代，只有做好搜索排名，也就是把宝贝的搜索排名推广到靠前的位置，店铺才能正常、安全、高效地运转。因此，宝贝的搜索排名就是网店推广的重中之重。

没有淘宝搜索排名，也就没有商品销售

每一位网店的运营者，肯定都会知道搜索排名的重要性，尤其是对淘宝网店来说。据说，影响搜索排名的因素有上百条。因此，我们想要做好网店，就要对影响淘宝搜索排名的因素非常熟悉，这样才能让你的宝贝的搜索排名处于比较靠前的位置。

什么是淘宝搜索权重

淘宝搜索权重，简单来说，是淘宝对你的店铺和宝贝的好感度，也就是淘宝认为你的店铺和宝贝的重要程度有多高。通常，如果你的权重越高，淘宝对店铺和宝贝的排名就越好。通常，影响淘宝权重的有店铺和宝贝这两个因素。

1. 影响店铺权重的因素：有无消保保证金、有无7天无理由退换货、有无公益宝贝、旺旺响应时间的快慢、支付宝的使用频率以及宝贝的发货速度等。

2. 影响宝贝权重的因素：宝贝的销量、点击率、转化率、动态评分、动销率、回购率，以及收藏购买、购物车购买和直通车购买等。

影响淘宝搜索权重的注意事项

1. 对于影响店铺权重方面，必须要开通消保保证金、7天无理由退换货以及公益宝贝；而旺旺响应时间、支付宝使用率和发货速度等，只需达到平均水平即可，它们对于权重的影响没有前面三项大。

2. 至于是开通7天无理由退换，还是15天无理由退换，二者对于权重的直接影响大致相同，因此可以根据网店的自身情况选择。

3. 通常权重好的店铺销量，即为持续稳定增长的销量，特别是在宝贝的新品期。

4. 权重好的店铺点击率具有买家停留时间长、跳失率低、浏览屏数多、高于同行但不要过高的特点，而权重好的转化率具有高于同行、比较稳定以及不要过高的特点。通常，权重最好的店铺点击率和转化率，大约为行业平均值的1.5～2倍，如果点击率和转化率太高，就会引起淘宝对店铺进行审查，就算没有大规模恶意刷单等违规现象，也有可能被误判违规。

5. 对宝贝的动态评分对权重的影响来说，只要高于同行或与同行持平即可，但如果动态评分低于4.4时，就会对权重造成非常明显的影响。

6. 动销率包括宝贝动销率和SKU（SKU指的是宝贝的销售属性集合，供买家在下单时点选，比如"规格""颜色分类""尺码"等）动销率这两个方面。而宝贝销量的增长率最好能稳定提升。

7. 通常，回购率越高权重就越高，但其高低参照的是同一个行业，不同行业不具备可比性。

8. 通过收藏宝贝和购物车，以及直通车的购买量都会被计入宝贝权重。

此外，对于像消保保证金、7天无理由退换货以及公益宝贝，这几项影响权重比较重的要素是可以在开店之初一次性完成的，而像销量、点击率、转化率、动态评分、动销率和回购率等因素，是需要在网站运营的过程中不断优化的。

最新淘宝搜索的排名规则

开通"7+"服务、设置运费险、承诺24小时发货、新品打上新品标签、设置手机专享价、动销率控制在60%左右、设置手机详情页、设置淘金币抵现、公益宝贝、加购物车数、动态评分、收藏人气、发货速度、销量、转化率、橱窗推荐、浏览量、下架时间、公益宝贝、价格、交保定金，这些因素共同构成综合排名。

1. 淘宝默认的综合排名是：人气、销量、下架时间和橱窗推荐，其中，人气包括浏览量、收藏量和购物车量。

2. 开通7天无理由退换货以及设置运费险的排名靠前，可进入到卖家中心的消费者保障服务中设置。

3. 宝贝的发货速度影响搜索排名，如果承诺24小时内可以发货的有排名加权，可进入到物流运费模板进行设置。

4. 淘宝最近一直在扶持新品，新品就是没有同款并且第一次上架的产品，如果在上架的新品中，只要打上新品标签的宝贝就会有比较大的排名靠前权重。因此，上架新品时，务必要让宝贝打上新品标签，但我们要避开同款的宝贝。

5. 设置宝贝的手机专享价。如果设置手机专享价，就会在无线端有比较大的排名权重，比如我们在手机淘宝中随便搜索一个产品，排名前10位的基本都设置了手机专享价，可在卖家中心进入到手机营销中心进行设置。

6. 设置手机详情页，可在无线端搜索排名靠前，也可有效提高无线端的流量，进而转化为订单。

7. 设置淘金币抵现，可实现搜索排名靠前，可在卖家中心的营销中心进入设置。

8. 设置公益宝贝可搜索排名靠前，而且还具有一定的权重排名。

9. 宝贝越是到下架的时间，其排名越靠前，因此要充分利用宝贝的橱窗位，但有很多新手从来不使用上架产品橱窗。

10. 宝贝的收藏人气高、加入购物车的量高以及浏览量高，其搜索排名就靠前，这几项高的宝贝也被称为人气宝贝。

11. 转化率高的宝贝搜索排名靠前。宝贝的转化高就说明受欢迎的程度高，淘宝系统可自动默认靠前，但过高就会被认为是作弊。

12. 销量高的宝贝搜索排名靠前，但淘宝为了避免恶意刷单，已经降低销量排名权重。目前，销量排名的权重已经减少了一大半。此外，动销率要控制在60%左右，太高或者太低都会对搜索的排名不利。

13. 持续上架宝贝可提升整个店铺的权重，因此，店铺要经常补充 些新品并持续上架。

14. 在宝贝的标题中适当采用空格和标点来将其分开，其排名权重也会提高，但一个标题一般采用一个空格或者一个标点即可。

此外，随着手机无线端成交量的不断扩大，淘宝已经将重心从电脑的PC端，逐渐转移到手机的无线端上了。因此，广大卖家，在经营好电脑PC端网店的前提下，也要按照淘宝的政策，把重心逐渐转移到无线端上。

为提高淘宝网的搜索排名，应注意哪些问题

很多卖家都想让自己的网店商品在淘宝网站的搜索排名中占得先机，因为这样可以带来更多的流量与潜在的购买客户，进而让自己网店的交易量不断攀升。本节就为大家介绍一下要想提高商品在淘宝网站上的搜索排名应注意的一些问题。

对网店不断进行优化处理

近几年，随着淘宝网的不断发展，其搜索规则的变化也非常快。因此，为了能适应市场和用户的变化，我们要在每月或每周对自己的网店进行一些优化处理。那么，如何进行优化处理呢？

1. 重视宝贝描述的准确性与规范性。搜索的核心其实就是要找到宝贝与顾客之间的匹配度，但目前有大量商品的信息描述的准确性不高。比如，有很多卖家在宝贝标题中添加了很多信息，但这些信息是互相矛盾的，有的与实际情况出入很大，甚至像一些类目、属性等信息或者是漏填，或者是没有如实填写，这样就为搜索造成很大的麻烦，进而影响到顾客的体验效果。

因此，在类目方面，如果宝贝的类目放错了位置，就不会得到优先展现；在属性方面，如果出现属性错误，顾客就看不到真实的宝贝信息，结果就会导致详情页的跳失率增加，降低顾客的停留时间并影响到最终的销量；

在标题方面，要确保宝贝标题的精准性，如果滥用关键词，就会影响宝贝搜索的排名，并且难以在搜索中获得更多的流量。

2. 提升宝贝的品质。淘宝网的市场非常大，很多商品种类繁杂，但品质参差不齐。通常情况下，淘宝网会通过一些个性化的方式将那些品质好、性价比更高，而且对顾客体验更好的宝贝展示出来。因此，网店应不断提升上架宝贝的品质，从而在搜索排名中占得先机。

3. 增加网店的外部和内部链接。可以通过增加网店的外部和内部链接来提升其搜索排名。但链接的增加不只限于淘宝、拍拍等提供的内部店铺首页友情链接，也可以添加网店平台以外的链接。同时，还可以考虑在自己商品的模板页面中添加一些互补类商品的链接。比如，一家专门卖袜子的网店，可以与专门卖鞋子的网店进行互补。

4. 优化宝贝标题。宝贝在上架之前，首先需要进行标题的优化。前面已经提到，宝贝标题要求在30个字以内，这30个字就相当于这款宝贝的30个导购员，需要我们特别注意。所以，如果宝贝的类目不是非常小，就应该放满30个字，因为顾客一般是通过宝贝标题中的关键词来找到网店的，这样才能给你带来流量并可能最终转化为成交量。

5. 对网店进行个性化的优化。一般情况下，我们可能会认为个性化就是买家的具体化标签，即买家的消费层级、购买习惯以及年龄、性别等特征。这就要求店家在宝贝处理方面要做到客户群体的精准对应。比如，如果我们正在销售妈妈装，对应的客户群体就应该是30岁以上的女性；若是在标题上放进了"20岁左右的年轻女性"这样的内容，就会导致出现内容与商品不匹配的状况。

6. 保持网店的整体统一。网店的整体统一，主要包括价格统一、风格统一、受众群体统一。

7. 提升物流服务。在移动手机端中，物流服务的好坏对于搜索排名的影响，目前已经排到了首位。因此，卖家必须重视物流服务的提升。

高度重视宝贝的质量评分

宝贝的人气分、服务质量分、宝贝质量分等，都会影响到搜索。但主图上面的促销文字信息，其关联营销不宜过多，通常数量为十几个是比较正常的，如果超过20个就不会被加分，甚至还可能会被减分。

而宝贝的质量还包括宝贝图片以及宝贝详情页的质量，此外，宝贝的人气也包括宝贝的销量、转化率以及收藏回头客等，但这些需要根据淘宝网站在后台使用的历史数据进行机器算法的拟合，然后找出哪些宝贝是用户真正喜欢的。因此，千万不要作弊，否则很容易被系统查到，随后系统就会进行自动审核并自动处罚，希望我们要对此足够重视。

销量对淘宝搜索排名的影响

宝贝销量本身的确能够说明很多问题，代表着顾客对这件宝贝的喜欢程度，但有很多人为此来专门作弊。所以，淘宝网站为了提升作弊的门槛，就把销售金额改成了销售笔数。但即便这样，也不能解决根本问题，于是又改成统计销售人数，也就是改成了有多少人成交，这样是为了让作弊者成本变高以减少作弊。

此外，淘宝网通常会有一个默认30天销量的算法，但要扣除一些大型活动的销量。因为这种销量对于买家的参考意义不大，而且对那些未能参与到大型活动的网店来说也不公平。最近7天的销量大小也是一个因素，这是由于希望买家可以看得见一些换季及热门爆发的产品。

成交转化率对淘宝搜索排名的影响

成交转化率会影响到搜索的人气，但淘宝网会参考宝贝成交转化率的来源，比如是通过自主搜索还是通过类目搜索，或者是通过收藏等途径转化为成交的。如果在这些不同来源的转化率中，有些来源属于突变，比如被人大量恶意刷流量却没有一笔成交，结果将转化率拉低，则淘宝网的系统可以识别出来而不会影响到最终的搜索排名。

此外，当纠纷退款率高于淘宝网指定的标准时，网店的宝贝虽然在按照价格、信用、销量等单一维度的默认搜索结果中没有展现出来，但可以通过顾客的自主选择以后进行展现。

淘宝搜索的误区、原则和策略

淘宝搜索的目的就是要让顾客能够轻松地找到真正需要的商品，而且是品质和服务都好的优质商品。但有很多刚刚开淘宝店铺的商家对淘宝搜索存在着一些认识上的误区，对淘宝搜索的原则和策略也不太了解，本节就为大家详细介绍有关这几方面的内容。

淘宝搜索的三大误区

1. 宝贝越便宜、价格越低，买家就越容易搜索到。很多网店都会这样认为，人们去淘宝购物的目的就是图便宜。因此，价格越便宜，买家越容易搜索到网店的宝贝。但事实真的是这样吗？目前，淘宝搜索使用的技术是"个性化搜索"，它是按照买家在淘宝上的消费水平、购物习惯、浏览习惯以及历史购物记录等规律，来锁定和定位买家的层次，进而人们就会在日常搜索时，收到一些淘宝网站自动给出相应的搜索结果。举例来说，一位购买能力比较强的买家，比如她经常购买的是数百元以上的服装，那么淘宝就会在自然搜索的位置，展示数百元这一价格区间的产品。如果卖家的产品不符合这个条件，即使产品的价格再低也很难被买家搜索到。

2. 网店信誉越高，销售就会越好。其实宝贝卖得好和差，与店铺的信誉是没有直接关系的，而真正在乎信誉度高低的只有卖家自己。对初次买家来说，只要卖家能够激发他们的购买欲，使得他们能够看上产品，就根本不会在意信誉。那些天天把网店信誉度挂在嘴边的主要有两种人：一种是不懂淘宝的新手卖家；另一种是靠着刷信誉平台吃饭的工作人员。但如果店铺的信誉等级比较高，就会积累很多老顾客。如果以老顾客的成交量来算，则确实是信誉等级越高销售就越好。

3. 宝贝的销量越高，排名就会越靠前。很多开网店的朋友们都会拼命地刷单，他们认为刷得越狠，人气宝贝的搜索排名就越靠前。其实这是一个错误的观念。实际上，我们在搜索页面结果的展示中，往往发现的是"成交笔数"，而不是宝贝的具体"销量"。销量确实对宝贝权重的影响很大，但这个"销量"是"成交笔数"。因此，我们在优化时要有针对性地优化，否则，大家全都盲目刷销量，不但排名难以靠前，而且严重的话，还会被淘宝判定为虚假交易，遭到全店降权的处罚。

淘宝搜索的三大原则

1. 产品描述。这个原则从表面看上很好理解，也就是用关键词来描述产品，比如分类、细分属性和添加用途等。但实际上，往往在搜索大类时，只有那些花大钱上直通车的排在前面，这与百度是同一个道理。但我们也有规避的方法，比如在自然搜索词关键词时，一些比较特殊的产品就会显示自然排名，这是规避那些热门收费的好方法。此外，尽管现在经营的产品是冷门，但一旦冷门卖得好就能迅速成为热门，而且还能赚取很多流量。

2. 流量激活。很多人都知道，有流量才有成交量，也才会有排名，但流量激活是怎么一回事，就不太清楚了。简单地说，流量激活就是把流量变为成交量，也被称为成交率。那么如何促成成交率呢？还是前面章节提到的，首先要引流量，流量可以从直通车或者淘宝客中来，也可以从其他社交网站上引流。

流量多了以后，只要你的宝贝在"性价比"方面很给力，就不愁流量激活了。

3. 后续服务。淘宝要求的后续服务有很多，而且还具有人性化和保障性等特点，比如消保保证金、7天无理由退换货和公益宝贝等。如果你的网店设置中缺少了这些后续服务，搜索排名就会受到很大影响。

淘宝搜索的三大策略

1. 宝贝标题。宝贝标题肯定是淘宝搜索的重中之重，因为把标题布局好，才会有机会获得更好的搜索排名。好的宝贝标题的写法为：营销关键词+主关键词+黄金关键词。宝贝标题可以写入30个中文汉字，所以我们要充分利用，一个宝贝标题里至少要包含10个以上的有效关键词。具体操作时，我们可以参考数据魔方中的"如何给宝贝取名"，从宝贝所在类目中找出500多个热搜关键词进行参考。通常情况下，一个关键词能够出现在所有宝贝排名首页时，其他关键词也基本上可以出现在相同位置的附近，因此，就多了很多这些关键词的入口。

2. 上下架时间和橱窗推荐。宝贝的上下架时间与橱窗推荐，与宝贝能否出现在所有宝贝排名中的靠前位置密切相关，而且宝贝在做出橱窗推荐的前提下，距离下架时间越近，其排名就越靠前。因此，宝贝的上下架时间是非常关键的，我们应该利用数据魔方中的"买家经常访问时间"，来给宝贝做出准确的上下架时间，这样就会增加很多访问流量。

3. 消灭零销量宝贝。如果宝贝总是零销量，那么买家在搜索时，"零销量"的宝贝就很难出现在首页。大家可以做一下验证，随便搜索一个宝贝，就会发现排在宝贝首页的都是有销量的，无论数量是几万还是几百，甚至还有个位数销量的，但零销量的却没有出现在首页，这也是淘宝网站的一个规则。因此，如果网店内的宝贝数量不太多，就必须要消灭"零销量"的宝贝，以利于宝贝的搜索。

如何提升淘宝手机端的搜索权重

随着移动互联网的来临，我们的生活已经离不开手机，很多人发现自己网店的流量重点已经从PC转到了无线，而手机淘宝也被认为是新一轮的淘宝红利期。如果你的网店在PC端与别人竞争惨烈之时，你就不如顺势而为，主攻无线端这个战场。因为对无线淘宝来说，无论是新手，还是老店，都是可以立即做的。下面，我们先了解一下手机无线端搜索流量的特点。

手机端淘宝搜索流量的特点

1. 搜索流量以人气模型为核心。既然核心是人气模型，那么只要提高PC端的人气排名，就会提高无线端的排名，就会提高类目排名和天猫排名。

2. 宝贝的下架时间被弱化。在手机端整体的综合排名中，下架时间所占有的权重已经被大大弱化。而且当宝贝销量达到很高时，下架时间就不再影响权重了。但值得注意的是，新品的下架时间所占的权重很大，而且维度在新品上架的7天或14天这两个时间段，但也要配合持续增长的销量与转化率才可以体现出来；否则，权重值依然会被弱化，并且那些带有新品标签的宝贝，依然会有相应的加权。

3. 由于无线设备的特点而致使买家的行为习惯发生改变。例如，在无线端的情况下，一些大词的转化率要大大高于PC端，而且无线端下拉框词的点击量也要高于PC端很多。

无线端搜索的四大加权点

无线端有四大加权点，分别如下。

1. 无线端的成交占比。无线端成交占比越高，其排名就越好，因此，有很多无线端的网店流量占比都超过了90%。网店可以让客服用一些优惠政策来引导买家去无线端下单，以增加无线端的成交占比，这是最直接也是最简单的方法。另外，提高无线端的成交占比，还能够增加无线端的一些优惠政策，如无线端的特价和直通车的流量等。

2. 手机专享价。专享价会对宝贝权重有大的提升。虽然有很多网店在设置专享价时仅仅设置为优惠1～2元，但是起到的作用却很大，比如专享价不但可以将流量有效导入到无线，而且在无线端搜索时，标有专享价的宝贝的点击率会明显提高，而且还会有效提升转化率。

3. 淘金币。无线端有设置淘金币的功能，淘金币的抵扣率越高，其权重就越大，并且对于点击率和转化率的影响也越大，这与手机专享价的原理是一样的。

4. 使用淘宝一阳指。一阳指是指为淘宝手机店铺装修的一个功能，如果店铺使用淘宝一阳指的功能，就会为店铺增加相应的权重。

使用无线端直通车的注意事项

无线端直通车对无线端的流量拉升效果是非常明显的，而且使用无线端直通车后的点击率和转化率远远高于PC端的数据，但点击单价要低于PC端。下面，我为大家介绍一些使用无线端直通车的注意事项。

1. 无线端直通车的选词。无线端直通车的选词可以选用大词，搜索量会非常大。可以使用直通车后台推荐词的移动设备的热搜词，而且这些词在无线端的点击量非常高。

2. 无线端直通车的下拉框词。由于在无线端不容易打字的缘故，下拉框词的点击量和流量远远高于PC端，因此多用下拉框词（无线的下拉框词和PC端的下拉框词是不一样的）。

3. 宝贝的最佳投放时间。宝贝在全天3个投放时间点分别为：12:00—13:00，18:00—20:00及21:00—1:00。此外，周六和周日的全天都是很好的投放时间点。

4. 投放地域。通常在一线城市可以投放高客单价的产品，而在二、三线城市投放一些性价比非常高的低客单价产品。

5. 有关调控方面的问题。应尽量提高无线的点击率，因为点击率越高，扣费就越低。因此，要注意找到那些无线端的高点击率图片，比如可以找到直通车报表中的创意报表，选择"投放设备"，即可找到无线端点击率最高的图片。

6. 店铺首图。在无线端中，首图是提高点击转化率的重点，但限于无线端的具体情况，首图的像素以430×430为宜，可以配1张有核心卖点文案的主图（也可以是拼图），以及搭配3张核心卖点和1张卖家晒图。

7. 宝贝详情页。由于无线端的打开速度的关系，因此，通常宝贝的详情页以控制在6屏以内为宜。

8. 排名规则。无线端直通车展现的综合排名是：质量分+出价。也就是说，无线端搜索时的质量分高，而且出价高，其排名就会比较靠前。但也应注意，既不能一味出价，又不能光顾注重质量分，必须要二者兼顾才能达到最佳的搜索效果。

9. 无线端质量分的要求。对无线端的质量分来说，一共有两个维度可决定其是否在搜索中出现：一个是关键词与标题、属性、类目的匹配度是否很高，分档位展现是否完全命中，重要词的匹配度是否非常高；另一个是比较同一级别中的各个宝贝的点击率。

无线端直通车的创意标题非常重要

直通车的创意标题是非常重要的，通常是宝贝标题的有效补充，或者也可以当作纯宝贝促销时的用语，比如"好评如潮""不能再降了""月销万件"等短语。而且自从无线端直通车开通之后，直通车创意标题的重要性就有了明显的提升。其原因主要有以下几点。

1. 在PC端时，创意标题的上限是20个字，但最多只能显示17个字。而在无线端则会被全部显示。

2. 在PC端时，直通车的位置和自然搜索结果的位置是有区分的，但无线端直通车位置与搜索结果位置是连在一起的。

3. 在无线端直通车的展示规则中，并不是仅仅凭借"出价和质量分"决定的，还包括对基于创意标题相关性的过滤规则。这就是说，即便网店已经对某一个关键词出了高价，也可能由于你的标题相关度比较低而被过滤掉，导致最终无法展现。

第五章

做好直通车，
淘宝网店推广的关键

对淘宝网店来说，想要产品推广效果立竿见影，就必须要开直通车。当然，这是针对那些有条件开通直通车的淘宝卖家来说的。简单地说，直通车就是一个为网店引流的工具，而优化直通车也就是如何用好这个工具。只有把"直通车"开好，你的淘宝网店才能如鱼得水、游刃有余。而且优化直通车是一项十分频繁的工作，需要运营人员经常关注和调整。

中小卖家如何开通淘宝、天猫直通车

对很多中小卖家来说，直通车让他们既爱又恨。"爱"的自然是直通车作为网站流量的推广利器，的确能够为网店带来非常多的流量；但"恨"的是，直通车作为淘宝网站有名的"烧钱机器"，其费用让很多中小卖家难以承担。那么我们应该如何开通直通车，才能最大限度地发挥其作用呢？

开通直通车前，应注意哪些问题

1. 宝贝的图片要整洁、美观、清晰，而且图文结合，比如，文案与图片相辅相成，以增加宝贝的感知度与必要的情感需求，排版也要整齐、有规划。在裁图时，单张图片的尺寸不宜过大（可以通过改变宝贝图片的像素与精确度操作），否则，顾客在打开图片时的加载速度就会变得很慢。宝贝在外观和细节等方面，要保证真实、详细，图文切忌过分夸大，因为顾客在购买任何产品时都会有一个自己的心理预期，如果宝贝的实物与预想的相差太大，就会造成退货或导致流失回头客。

2. 产品定位要注意卖点。尽管顾客已经开始接受宝贝的基本功能，但是他们更喜欢一个产品能够同时解决多个问题。此时，如果你把宝贝主功能之外的功能变成卖点并加以推动用户购买，则其效果是显而易见的。在如今很多同质化的产品中寻找出宝贝的独特之处，以及为用户提供可以提升自我价值和品位的产品，也就是你的产品定位能够满足用户的需求，换句话说，就是给用户一个购买的理由。

3. 与其他同类产品进行比较，以突出自己的优势。只有通过对比，才能发现相互之间的差别，给顾客一个明确的效果，而这个效果是很多用户都希望看到的。

4. 宝贝的热卖及相关推荐。通常，商品页的顺序是：促销模块和店内公告、产品结构图、商品介绍（其中包括细节描述、尺寸和规格等属性）、卖点、同类商品的比较和发货包装等。

5. 开通直通车之前的推广工作应重点调整。具体的工作任务如下：

（1）在开通直通车前，推广工作应该重点调整，具体的工作任务是：优化宝贝的详情内容，并做好关联销售，但关联销售要站在顾客的角度上设定；对直通车的标题和关键词进行优化，然后再优化宝贝的质量得分。

（2）我们在观察3天之后，就可以删除一些低分的关键词，然后把质量得分在7分以上的关键词全部保留，而其余的要全部删除，最后把转化率高的关键词抬高其直通车出价，而转化率低的关键词全部降低出价。具体的工作任务是：可以通过网络渠道和实体渠道来搜集相关产品的关键词表；按照相关要求来完成推广工作，删除低分值关键词，并适当增加高分值关键词的数量，维持关键词的数量不变。

（3）开通直通车前10天的工作。第1天：初期预测关键词所需的费用，为后期的逐渐调整打好基础工作。第4～5天：按照关键词的展现量和点击次数来不断调节关键词的出价，并稳住现有的排名，然后在此基础上进行突破；第5～10天：全方位调整直通车的关键词，把无用的关键词全部删除，这是开通前的最后一次优化。

我们知道，流量是网店销售的王道，因此，各种推广方式都要大胆尝试。而对直通车来说，最应该注意的几个环节是：选择爆款、价格定位、宝贝详情、关键词的选择与优化、关联营销页面、关键词的出价与筛选、客服营销，只要能够做好充分的思想准备以及开通直通车前的准备工作，效果就非常明显。

开通直通车后应注意哪些问题

1. 找到关键词的匹配方式。在这里要注意，只要不是那些热词，我们就可以先用"中心词"来匹配，如果观察一两天发现展现量不够，就可以将其修改成"广泛匹配"；此时，如果展现量太大而难以承受，我们就可以迅速改为"精准匹配"，关键是必须要协调展现量、点击量与转化率这三者的关系，做到既要有展现量，也要有点击量，最后转化为订单。

2. 出价的问题。出价是直接影响到直通车的位置排名的，因此，我们的原则是：只要宝贝排在第一位而且出价不高于1元的，就应该全部卡在第一的位置；但如果出价高于1元而且位置还不好，我们就可以选择"市场平均出价"，日后再逐渐调整。

3. 限额。计划额度在刚开始时必须要限制，否则，费用就会太高了。随后，我们可以按照实际计划来调整额度，即随着销量的增加来逐步提升"日限额"。

直通车的开通技巧

有人形容开直通车就好像是在开赛车，总是在不停地奔跑着，生怕被别人超越。因此，我们就要做好开通直通车的基础工作，从选好关键词开始，因为直通车的关键词就好像是一个网店的导购员，它会将众多的淘宝买家带到他们希望购买的宝贝面前。

开通直通车，选好关键词很重要

对于选择什么样的关键词，这是推广整个直通车过程中最关键的环节，因为关键词能够直接影响到宝贝是否能被推广起来。那么，选择关键词的途径都有哪些呢？

1. 系统推荐词。从淘宝系统推荐的关键词中选择，应该说是一种最简单、最方便的方法了，但我们也需要对其进行挑选、排除，然后再进行组合、搭配以后才能使用。我们可以按照这些关键词的相关性和市场平均出价，以及展现量的点击率等指标进行挑选。此外，还有一些推荐的热搜词、飙升词等，也可以作为选择关键词的参考，但我们应该对其进行综合分析，然后再做添加，千万不能盲目添加。

2. 分析直通车后台的流量，并找出相应的关键词。对直通车的后台流量进行解析，找出关键词的搜索展现情况，然后对其进行仔细研究、组合，往往也能找出很好的关键词。

3. 关键词的自由组合。对关键词进行自由组合，也是一个非常好的选词途径。用这种方式匹配出来的关键词，既能保证相关度高，又能增加转化率，而且这些自由组合的关键词还能保障直通车在初期时流量的高精准度，尽管这可能会非常麻烦，但绝对值得这样操作。

4. 通过搜索下拉框。很多排名飙升的关键词都会出现在下拉框里，而且这些关键词的流量非常高。此外，一些相同属性的关键词也可以拿来参考使用。

5. 借用其他网店的关键词。我们还可以直接参考一些相同类目的热门店铺，查看它们那些热销同类宝贝的关键词，可借用魔镜等软件直接套用热词会很轻松。但采用这种方法选取关键词后还应注意，尽管流量肯定会大大增加，可是转化率却并不一定会很好，还需要我们对其进行优化。

6. 通过其他途径来选择关键词。像生意参谋中的选词助手、淘宝排行榜、top20及省油宝等，都可以成为我们选词的途径。但无论是采用什么方法选词，千万不能偷懒，因为如果基础没有做好，后面就会紧接着出现很多大漏洞，直通车也就很难开好。

在以上关键词的几种来源中，成功率最高的关键词是第三种，也就是关键词的自由组合，流量的转化率是最高的。

此外，当关键词选出来以后，我们要对关键词进行数据分析，具体有下列两种方法：

1. 从淘宝数据中查看关键词的搜索指数是否高于300。

2. 查看关键词在淘宝搜索出来的具体销量，比如是否有销量超过每月一千件的宝贝，如果有的话，这个关键词就可以使用。

值得注意的是，我们千万不要一开始就上那些热词、大词等，因为直通车的确是特别能烧钱的，等到你的宝贝月销量过万了，这时候再去考虑那些热词、大词也不晚，否则直通车的费用会把我们的利润全部耗净。

如何提升宝贝的质量得分

直通车是否省钱，关键要看宝贝的质量得分。尽管道理很多人都很清楚，但具体到如何操作，还有很多卖家不知从何入手。下面，我就为大家介绍一下影响质量得分的因素。

1. 创意质量。创意质量也就是说创意效果如何。举例来说，创意质量反映在推广创意标题的关键词中，一些点击的反馈以及图片的点击率等。我们可以通过后台的相应操作来优化点击率，使得关键词的点击率增加，这样的话，创意质量的得分就会比较高。也就是说，考核创意质量就是考核产品的点击率高低。

2. 相关性。相关性主要考量的是产品的关键词，同产品属性、类目以及产品相关信息之间符合程度的高低。具体来说，有以下几点因素。

（1）关键词与产品标题、推广创意标题之间，要体现出宝贝的标题信息与直通车推广内容的密切相关程度。举例来说，产品标题中的关键词和直通车中的关键词如果同时存在，这个关键词与宝贝的相关度就会得到提升，权重也会随之提升。

（2）关键词同产品类目之间的相关性。也就是说，产品发布的类目同关键词的优先类目要保持一致，此时，关键词的相关性也会相应提升。

（3）关键词同产品属性之间的相关性。如果产品本身具有的属性能在关键词中体现出来，则其相关性会提升。

3. 顾客的体验。顾客的购物体验可以根据近期关键词的实际效果得出，比如直通车转化率、收藏加购、关联转化、好评率以及客服接单服务等，都会影响顾客的购物体验。

影响点击率的因素

1. 用关键词测试点击率。初期投放关键词时，要以精准词为主，先把账户慢慢养一下。因为精准词的流量对买家来说比较重要，可以起到一个很好的"调养"作用，尽管这些精准词不如大词、热词的流量多，但它们可以控制直通车的推广成本，减少初期的花费，这对于后期控制直通车的推广成本和推广效果非常有利。等到数据稳定以后，再根据店铺的实力来加入一些热词、大词，并逐渐增大推广宝贝的点击率。此外，在前期测款和养词时，可先试一下省油宝的长尾词计划，可以自动添加一些精准长尾词，并且还能优化出价。等观察一周以后，就可以筛选并留下一些表现好的关键词，接下来再添加大词，即可完善整个推广计划。

2. 直通车推广首图。直通车推广首图对点击率的影响是非常明显的，好的推广图不但可以让产品获得更高的点击率，还能够吸引精准的粉丝流量，吸引顾客的眼球并刺激他们购买。此外，图片的背景、产品的卖点、促销的信息、宝贝的展示和文字信息等都直接决定顾客是否会点击，进而影响到他们的消费行为。而对于推广图的优化主要是要明显展示产品的卖点，以及优化促销文案等。

3. 直通车的投放时间。一个类目的点击率在不同的时间段是不同的，一般类目的投放主要集中在以下3个时间段：9:30—10:30；14:00—15:00及21:00—22:00。在这几个时间段内，绝大多数类目的流量都会比较大，因此，点击率也会非常高。而在凌晨至五六点的时间段内，由于流量少，因此投放的价格也比较低，最低的折扣为30%。但在具体选择时，还应该参考本类目行业流量的高峰时间，然后再选择一个准确的投放时间。

4. 直通车的投放地域。不同地区、季节，对产品的需求差异会非常大，因此，我们不但要考虑季节、地区等因素，还要根据各个地域的经济条件、物流影响等因素，来考虑直通车的投放。我们可以打开网站后台的地域报表，选取那些展现量比较大、流量也比较高的地区进行重点投放。此外，我们还应该特别注意，直通车投放的宝贝有无南北地区的需求差异，而如果宝贝是包邮的，则还要考虑到西藏、内蒙古、新疆等偏远地区的物流限制，以确定是否要投放这些地区。

直通车优化三部曲

很多开淘宝网店的卖家都开通过直通车，但对如何优化直通车不是特别清楚。淘宝直通车优化一共有3个阶段：首先是以关键词为主，这个阶段可以提升网店的基础条件；其次是以推广活动为主，这个阶段可以迅速提升网店的权重和自然搜索的流量，稳定销量；最后是以转化为主，重点关注投资回报率和转化率。

直通车优化三部曲之"打基础"

很多新手在开始使用直通车时，基本上是不太懂如何优化的。这样，就肯定会存在着前期的流量很少而且不稳定的问题，而关键词的质量波动也会比较大。因此，我们要采取一定的技巧，来做好基础工作。

1. 选款。要想做好直通车，选择宝贝的款式是最重要的。那么如何选款呢？我们可以从好评率、利润空间以及点击率等方面来综合考量，其中，点击率可以通过淘宝网站的量子恒道后台的被访量进行查看，最后再定款。

2. 加词。直通车产品的加关键词也是非常重要的。在开始加词时，只能加少量的关键词，以20个左右为宜。词的结构可以采用中心词再加上一个属性词的方式，至于大词，有两三个即可，这是用来吸引流量的。

3. 出价。前期出价应该为市场平均出价的1倍左右，这主要是为了引流，并且提高点击率；然后是养词，用来提高质量分。

4. 地域。在前期养词期间，只需投入几个流量大、点击率高的地域即可，不需要全部投入。

5. 店铺。在运营店铺时，需要为直通车提供一定的支持。因此，我们除了要优化标题和详情页之外，还应该做好关联产品的销售和搭配套餐的活动，以增大店铺的访问广度和深度，比如多举办一些"买2件送1件"之类的小活动。而这个阶段最重要的是网店内的产品应该走低价多销的路线，进而可有效提升网店后期的销量。

直通车优化三部曲之"主攻销量"

在前面的阶段中，我们首先确定网店的主要引流款，并明确产品与网店的路线。在这之后，就进入到主攻销量的阶段。此时，我们应该按照目前网店中的产品走向，来进一步增加销量，最终达到提升宝贝的权重，并大大增加自然搜索流量的目的。那么，我们如何通过直通车产品的人气所带来的活跃气氛，进而带动整个网店的权重和活跃度呢？为此，我们应该从以下两个方面操作。

1. 要举办推广活动。活动通常有两种：一种是店铺活动，比如满减、优惠券、节日优惠等；第二种是官方网站或者第三方网站的活动。很多卖家从刚刚开店时就经常举行店铺活动，但由于网店的客单价相对比较低，因此吸引的流量也很有限。所以，如果网店要想吸引更多的流量来主攻销量，就可以选择类似折八百这种比较大型的第三方活动。而且由于网店本身的客单价比较低，受众群体也比较广泛，因此通过这些大型活动而引进的流量就变成众多的优质流量，也非常容易形成大量的成交。此时，我们就可以通过直通车，根据具体的情况来做出必要的配合。

2. 对于直通车的整体销售额，有如下公式：

直通车销售额=流量×点击转化率×客单价。

因此，要提高直通车销售额，我们应该从流量来源、点击率、平均点击花费和点击转化率这几方面来入手，并对其进行优化。

（1）吸引流量。为了更好地吸引流量，一方面，我们可以把一款宝贝建立多个计划，在每个计划上都列出一些具有不同特色的关键词，这样可以做到低价引流；另一方面，如果想要加大流量，就可以将关键词的定向力度开大。

（2）增加点击率。要对宝贝的主图和直通车推广标题进行优化。如果这款宝贝的定位是价格低，在价格上很有优势，在宝贝的主图和标题上就要重点突出其价格优势，这样卖点才会更加突出。顾客看到低价的宝贝，也就非常有欲望去点击。因为绝大多数的顾客还是特别喜欢购买一些价格便宜的商品的。

（3）降低平均点击花费。我们可以通过提高宝贝的质量得分，或者以踩高压低直通车关键词的操作手法来降低平均点击花费。这种方法的具体操作是，要对一些平均点击花费高的关键词降低出价，然后对一些平均点击花费低的关键词进行扩词。当经常重复这种操作时，我们就可以把直通车的整体平均点击花费降低。此外，长尾词也可以让PPC（PPC是英文Pay Per Click的缩写形式，其含义是点击付费广告）降低、流量上升。长尾词的PPC变化跨度不是很大，但流量却会出现翻倍的情况。

（4）点击转化率。针对转化率而言，我们应该做的，与前面降低平均点击花费的方法相同，可以将点击转化率高的关键词提高出价并增加关键词，对点击转化率低的关键词降低出价。

直通车优化三部曲之"投资回报率"

当直通车的产品销量不断攀升，而且店铺的权重也在逐渐增加并趋于稳定时，直通车也要逐渐稳定下来。此时，就要抓转化率和投资回报率了。尽管店铺的运营和直通车已经逐渐趋于成熟，但我们还应该对其不断优化和维护。

1. 店铺。对于店铺方面，还应该在每个月参加一次活动。虽然店铺现在已经属于同一类目同一级别下的前几名，权重也非常高，但是我们仍然需要通过参加一些大型活动，来维持店铺的热度，进而吸引店铺的老客户进行二次消费。

2. 直通车。直通车在这个阶段的核心任务是提升转化率和投资回报率，此阶段通常要经历以下3个时期。

（1）转化率。由于网店产品的客单价比较低，而且我们之前也都在做类似于"买两件包邮"的工作，因此，在目前直通车趋稳之时，提升宝贝的转化率还是相对比较容易的。

（2）投资回报率。由于店铺产品客单价比较低，而且直通车的投资回报率想做高一些也是比较困难的任务，因此，我们更应该关注的是转化率。但自从淘宝网站的千人千面功能逐渐完善以后，对那些开通直通车的宝贝来说，其匹配的流量和精准度也变得非常高。并且此时店铺的爆款因为受众群体非常庞大，定向人群也特别可观，于是，店铺就开始出现流量高峰。这样，我们就可以迅速地抓住机会，将关注转化率改为关注投资回报率。

（3）继续关注转化率（CVR）。流量的高峰期过后，直通车账户上的各项指标也就逐渐趋于稳定，此时流量也不再激增，我们就应该再次回到原点，来继续关注转化率。在这个阶段，直通车需要关注两个问题。

一方面，在产品销量稳定的前提下，要逐渐减少一些无用的花费。比如，要适当控制没有转化或者是投入、产出不平衡的关键词，并关闭一些没有转化为成交的地域，然后按照综合数据来对站外或移动端的折扣进行一定的调整，以实现提升投入产出比以及产品转化率的目的。

另一方面，在微降那些无用花费时，还要提升一些高投入产出和高转化率的关键词，或者是定向流量的花费。通过这一降一提，我们就可以迅速稳定流量花费。但我们必须要将更多的流量投入到高转化率的关键词和定向上面，这样就可以用更少的花费带来同样的产出，或者是用同样的花费为店铺带来更高的产出。

如何通过直通车推广淘宝的爆款产品

当淘宝网店的爆款宝贝选好之后，就进入到推广阶段。而推广方法目前有很多，像软文、硬广告以及第三方平台等，但效果最好、最快的方法就是开通直通车。不过，直通车的花费是很大的，所以要控制好投入和产出的比例。

哪些爆款宝贝适合直通车推广

对于爆款的选品问题，下面章节将会专门介绍，本节就适合直通车推广的爆款宝贝，来介绍一下如何选品。

1. 即使不用推广，也能在一个月有100笔以上成交的宝贝。

2. 评价非常好而且回头客也特别多的宝贝。

3. 类目排名在前20的，以网络品牌居多的宝贝。

4. 自创产品类型的宝贝，比如洗颜粉等。

5. 市场格局还没有成型，在淘宝指数前50名还没有完全被品牌词占据的宝贝。

在以上罗列的各个条件中，我们应该如何选款呢？当然，如果满足第1和第2条的则说明产品非常不错，只要能够将其卖点挖掘出来，宝贝推广的基础就完全具备了。至于符合第3条的宝贝，由于直通车展示在搜索的首页，产品要具有强大的竞争力，而排名前20的以线下的大品牌居多，顾客早就形成了对其品牌的忠诚度，如果硬推一定会血本无归，因此不建议选择符合这一条的宝贝。

对于符合第4条的自创类型的宝贝，其关键词根本不符合顾客的搜索习惯，比如洗颜粉，只能归到洗面奶这一类，其基础质量得分肯定会特别高。即使关键词烧到最高分，由于产品类别不符合顾客的搜索和使用习惯，因此其转化率也会非常低而最终导致失败。

而对于第5条，在淘宝指数前50名的，有70%为品牌词，如果把符合这一条的宝贝选为爆款，在前期就不可能抢竞争品牌词进行推广，导致搜索流量很少，推广自然也会非常艰难。

挖掘宝贝卖点，制作直通车推广图片

对于如何挖掘宝贝的卖点，可以先从买家的评论入手。比如，对女性朋友们每天都会使用的化妆品来说，用户最注重的是它的功效，所以我们就可以从买家的评论中发掘出产品的独特卖点。此外，我们还可以参考同行的爆款宝贝，或者从自身原有的经验出发，对宝贝的卖点进行全方位展示，使得顾客能够感觉到购买这个产品会是一个非常英明的决定。

而对于如何制作出有创意的直通车推广图片，可以参照下列方法。

1. 从宝贝的卖点出发，然后再向外延伸思考创意。

2. 创意一定是不需要思考就能够明白所表达的含义。

3. 由于人的大脑在短时间内只能记住6个字之内的信息，因此创意内容应该越短越好。

4. 直通车展示位的背景色或色调与其他同类产品相比，要显得鹤立鸡

群，使得顾客一眼就能发现。

5. 使用自拍的图片。

6. 对于产品的某些功能点，只要换个表述方式就能成为好的创意。比如补水，可以这样表达：再不补水就老了。

直通车的推广步骤

1. 直通车的一些基本设置。

（1）投放区域。我们可以按照量子统计的访客来源数据来做出相应的设定。如果宝贝是包邮的，就应该将偏远地区的投放全部取消，否则邮费难以承担。另外，如果宝贝具有独特的地域特征，则必须取消那些不合适的区域。

（2）投放时间。指的是在投放时间段内的投放出价，我们可以按照买家群体上网时间的特点，来做好相应的出价比例。同时，我们还应考虑到客服人员工作的时间安排。

（3）像类目推广、定向推广以及淘宝站外的推广是比较省事的，把基本设置做好，然后出价即可。

2. 推广出价与推广预算之间的结合。

（1）完成基本设置以后，就应该考虑推广预算了。如果网店不具备货源上的优势、店铺转化率不高、没有前期销量高的宝贝、没有运营达人协助等，那么费用应以每天1000元左右为宜。

（2）对平均转化率高于同行、宝贝详情页很好而且该宝贝前期的销量也不错的中小网店来说，关键词和类目出价就完全可以抢直通车推广首页排名9~13名的位置，也可以去抢第2页排名1~3名的位置。

3. 直通车转化率低的解决方法。我们开通直通车最关心的就是转化率，正常情况下的直通车转化率在1%～10%，但如果转化率过低，我们就应该及时找到原因并加以解决。

（1）检查推广宝贝的性价比是否合理。前面提到过，直通车推广宝贝的选品是极为重要的，如果所推广的是一款顾客接受程度不高的宝贝，转化率自然就会很低。

（2）如果宝贝的性价比非常合理，接下来就应当检查这款宝贝的宝贝详情页水准如何，相关的搭配销售是否已经做好。

（3）以上内容是检查排除直通车推广的外因，而如果网店虽然钱烧了很多，但转化率却很低，则原因可能是，类目出价、定向出价或关键词出价中的一个或几个出价过高。因为它们之中任何一项的推广费用，都会占据总费用的1/3以上。但因推广引来的流量却不是很好的流量，因此就没有转化。对于这种情况，应采取对前期的关键词广泛撒网，让关键词得到更多点击量，对于类目做定向推广，先选择一个中性出价观察，如果转化率不错就适当调高，效果就会逐渐体现出来。

直通车优化必须要长期坚持

直通车优化可以说是一个技术活，那么我们每天应该怎么做呢？

1. 检查昨天的转化数据，重点看转化率，转化率可能比昨天高或低，但只要不是相差特别悬殊就没有问题。此外，查看转化时应该统计昨天的转化，具体是由哪些地方转化而来的。

2. 了解完昨天的转化率后，接下来就要进行主推计划了，一般每个账户中都有1～2个主推计划。等到进入主推计划后，再进入主推宝贝，然后删除得分在2分以下的关键词，因为它们翻身的机会非常小。然后再查看得分在8

分以上的关键词，如果关键词得分很高却没有点击量，我们就必须要提高出价，给这个关键词被点击的机会。我们每天都需要进行以上操作。只要长期坚持下去，就必然会有很好的收获。

如何迅速将直通车流量转化为成交量

有很多网店卖家在开通直通车后，总会感觉"直通车的转化率比较低，天天在亏钱。那既然不挣钱，反倒不如把它关了"。在这里，我们应该明白直通车的作用主要是为店铺引流，引入流量之后能否转化为成交量，就要看宝贝本身和店铺的优化。那么如何优化并提高转化率呢？本节为大家详细介绍这个问题。

优化直通车之创意推广首图

拥有一张有创意的推广首图非常关键，因为它可以影响到前期的产品是否能够"存活"下去。我们可以先做出两三个推广创意图进行测试挑选，然后选择一张点击率最高的来做推广首图。

推广首图可以遵循以下几个原则制作。

1. 图片要简洁清晰、不杂乱，而且推广首图只展示宝贝本身并直接通过它吸引顾客点击。另外，推广图片的背景不能太花、太乱，因为我们要突出产品而不是背景画面，否则就不能做到主次分明。

2. 用一些简单、"粗暴"的文字来吸引顾客点击。我们可以借鉴那些推广效果很好的卖家的推广首图。

3. 宝贝展示要同文字紧密结合，卖点和创意也要结合在一起。我们可以在推广首图上展示出宝贝的卖点，然后以卖点为中心，再点缀一些店铺的优惠活动或者促销信息。

通常情况下，一张优秀的推广首图要包括修饰精美的产品、卖点和促销关键字以及布局非常合理。但如何做到布局合理、美观呢？那些有省油宝的卖家，就可以使用省油宝自带的创意优化功能，这个功能对于制作、修饰主图是非常方便的，一共有50多套精美的模板可供网店选择，制作、投放也非常快速，可以大大提升宝贝的点击率。

当客户在搜索宝贝时，我们要想办法让宝贝更加显眼、突出，更吸引客户的目光，我们必须把宝贝的推广首图做到让人"眼前一亮"，才能使得客户停下搜索的"脚步"，前来点击我们的宝贝。此外，我们还要多注意自己"邻居"的推广首图，因为要想做到"别具特色"，我们就要想尽办法来突出自己宝贝的特色。如果"邻居"的推广首图是白色的，我们就应该以红色为主色调来吸引客户的目光。

优化直通车之推广标题

很多人觉得有了一张富有创意的推广首图就万事大吉了，因为很多顾客的确不在意宝贝的推广标题，但我们并不能为此就不认真去做标题推广。这是因为，尽管买家不太在意，但淘宝网站的搜索系统非常在意推广标题，而且当我们把关键词加到推广标题中时，还能进一步提升关键词的权重和质量得分。因此，推广标题不但要做而且要做好，并把关键词尽量加进去。

那么，如何做好标题推广呢？我们可以先选择主搜索关键词，接下来分析目标买家群体，然后再按照数据魔方来选择产品的主属性，并根据宝贝的主属性来拓展相应的关键词，最后再对比关键词的历史数据统计，选择一些合适的关键词来作为推广标题的主搜索关键词。

我们在前面要做好推广首图和标题，其目的就是增加点击率。点击率对直通车来说实在太重要，因为点击率不但影响着直通车是否成功，而且还影响着关键词的质量得分，以及直通车的所有花费和投入产出比等。因此，我们必须要做好首图和标题的推广。

优化直通车之关键词出价

在直通车推广刚刚开始时，我们要想获得更多的流量，对关键词的出价要高于平均点击单价，通常以增加平均点击单价的10%作为第一次出价为宜。几天之后，我们可以先查看关键词的展现量和点击率，如果这方面的数据不太理想，就可以考虑在此基础上继续加价10%。如果过了一段时间后，展现量、点击率等数据仍然不理想，我们就应该把这个关键词降价或者删除。

如果关键词的平均点击花费超出卖家的心理承受范围，我们就要对投入和产出进行调控，也就是要保持投入合理化。此时可以逐渐降低关键词的出价，但不能一次降低太多，一般幅度以降低3%~5%为宜。这样操作，既不会对关键词排名产生太大影响，也不会对点击量造成过多影响。在经过几次调整后，如果发现关键词和点击率的数据出现下降，就不能再向下调整了。这是因为，目前的出价很可能就是这个关键词的实际价位。此时，我们甚至还要把出价稍微向上调一点儿，就可以把数据稳定住。

而对于一些点击率不好但转化率却非常好的关键词，我们仍然要继续保留，也就是要继续养着这个关键词。原因就是，影响宝贝点击率的最大因素就是关键词的排名。如果我们把宝贝的关键词排名拉到首位，此时就会出现点击率高而且转化率也高的情况。我们可以使用优化规则操作，比如设定报表天数为7天，点击率要小于1.5%，而点击转化率要大于4%，展现的排名大于8，此时我们就可以将关键词加价5%。此外，有省油宝的卖家，可以使用省油宝的自动计划，软件能够自动执行，可以省去每天进行烦琐的操作。

优化直通车之质量得分

影响质量得分的因素非常多，下面，我介绍一下应该如何对其进行优化。

1. 影响质量得分最直接因素是点击率。一般点击率高质量得分就高，反之则低。因此，想要提高其质量得分，我们就要优化好点击率。而优化点击率要在排名这里进行优化。比如，尽量减少那些数据不好的关键词，即把一些质量得分低的关键词及时删除。

2. 将主推产品放到同一个直通车计划里。有时我们发现，同样的宝贝如果放到不同的直通车计划中推广，则即使是同一个关键词的质量得分也会出现不同。这是为什么呢？原来这会涉及直通车的计划权重，因为系统会按照直通车计划的日常情况去判定直通车计划的好坏，即计划权重。因此，我们的主推产品应该放到同一个直通车计划中，并且持续维持好这个直通车计划，那么质量得分的提升就会变得非常容易。

3. 优化标题，并注意宝贝属性。这个在前面已经提过，我们按照之前的操作方法操作即可。

优化直通车之投放策略

优化投放策略，对于提高点击率和转化率也是非常重要的。因为一些精准化投放，能够避免很多没有价值的流量，可有效降低点击花费并提高投资回报率。

1. 优化投放地域。要想优化投放地域，我们先要分析产品的特性，找出产品更适合哪些地域人群的需求，然后我们就可以加大这些地域的投放比例，甚至可以考虑为这些地域单独做一个直通车计划。

2. 优化投放时段。投放时段也是非常重要的，为此我们要特别注意以下几点。

（1）应按照产品行业的流量高峰时段，来加大投放的比例。例如主推女装时，就可以借助一些工具，来分析哪些时段是女装行业的流量高峰期，并在此期间加大投放比例。

（2）分析产品受众群体的消费时间习惯，即在产品转化率高的时段加大投放的比例。

（3）应按照网店客服的在线时间，来选择相应的投放时段。当看中宝贝时，客户可能会去询问客服，来了解宝贝的详情，以决定是否购买。此外，我们还应参考淘宝网系统的"想法"，来坚持投放，因为系统肯定希望网店一直投放，即便是在凌晨。所以，我们可以在流量低谷时继续投放，但要适当降低投放比例。

3. 优化投放人群。我们可以根据天气、特殊环境等因素，来单独设定溢价投放。

4. 优化投放端口。站内的投放端口一定是开的，是否在其他网站投放要考虑自身的实力。但值得我们注意的是，PC端的直通车计划必须要同无线端的直通车计划分开做，并分别进行优化管理。这是由于无线端和PC端的规律是完全不同的，无线端的表现要比PC端强，而且其投放比例也要高于PC端，如果分别优化则更容易管理。

第六章

打造单品爆款，
迎接网站销售的春天

　　网店卖家们在经营期间，如果想要让网店的销量迅速增加，打造爆款就是必备的手段。但如何能让自己网店的产品"破茧成蝶"，成为令人瞩目的爆款产品呢？其实，一款普通的产品能够成为爆款，不但需要其本身的质量过关，而且要拥有市场的强大吸引力。此外，网店采取的经营技巧也是很重要的一个方面。本章就为大家分享一下如何打造网店的单品爆款，希望能对网店卖家有所帮助。

明星单品爆款的诞生

爆款作为网店的明星产品，它承载着吸引大量的自然流量以及维持网店运营的重要职责。可以这样说，爆款就是网店的"顶梁柱"产品。因此，爆款在网店的所有产品中，自然而然就会被网店重点照顾，也被卖家寄予厚望。

网店打造明星爆款的好处

1. 打造明星爆款产品，可以极大地提升网店的人气，并带动相关产品和其他产品的销售，大大提升客单价的金额。

2. 爆款产品具有极高的转化率，因为买家往往会有从众心理，他们认为那些销量好的产品质量才会好，所以，爆款产品的转化率要高很多。反之，那些销量很小而且评价也很少的产品，其转化率就很低。

3. 网店经常做爆款产品，可以有效降低库存的压力。举例来说，你有一个热卖爆款，哪怕是压了1000件货其风险也不大；但你有10个销量一般的产品，即便是每款产品只有100件库存，其风险也要比1000件库存的大很多。这就是很多中小卖家非常热衷做爆款产品的原因所在。有些网店甚至一年只做一两个爆款产品，因为他们不想将一堆不好卖的产品压在仓库里。如今，这样的网店越来越多。

怎样为爆款来选款

1. 首先要确定适合爆款的消费人群，并且对市场受众进行分析。比如，我们把爆款适合消费的人群设定为女性，大多数人的第一印象就会想到鞋、包包、衣服、护肤品和母婴用品等。但实际上一些数码配件也深受女性朋友的喜欢，例如像史努比、金属边框、海贼王、钢铁侠等主题式样的手机壳。女性的消费往往会无迹可寻，而且她们大多非常注重外观和自己的喜欢程度，不像男性注重功能、参数等，所以选择以女性消费为主的爆款更容易获得成功。

2. 对竞争对手或者一些潜在的对手进行分析。我们要经常调查竞争对手运营的情况，比如同款宝贝的销量、营销手段、推广渠道等，并为此制定出一套相应的对策，并尽最大可能地占领或者争夺流量入口。

3. 选择最流行的宝贝。应当选择一些符合市场发展趋势的行业热销品、热卖单品的大众化产品作为爆款。

4. 定价原则。爆款的定价，通常要比同行同款的产品低10%～20%。在爆款的详情页处，卖家应明确告诉买家宝贝的具体优势，这样才能达到吸引买家，并最终完成销量的目标。

5. 考虑应季性。我们应关注主推的爆款是否应季。有些产品的季节性非常明显，不应季的产品，不宜进行大规模推广，否则，其效果可能会比较差。因此，我们要非常熟悉爆款的生命周期以及市场饱和的程度。

6. 爆款要有一定的基础销量与评价。爆款的选款，必须要有一定的基础销量和晒图评价等先决条件，这会对爆款的后期转化产生很大的影响。

7. 保证货源。爆款货源的问题是非常重要的，如果爆款的质量不过关，就有可能出现很多差评，并且也会给售后造成很大影响。此外，爆款的库存必须要充足，千万不能爆款在前台销售得很好，但在后方很快断货，否则，精力和花销都浪费了。

8. 爆款要保持一定的利润。即便是主推产品，也要有一定的利润空间，否则，网店很难实现盈利。

爆款宝贝应该如何进行描述

网店打造爆款的第一步就是选款，我们选好爆款宝贝以后，就要对其进行一番包装。爆款宝贝的包装包括：标题优化、宝贝详情页的描述以及写作宝贝文案。下面，我们来详细介绍一下如何为爆款宝贝进行描述。

1. 爆款的海报要大。爆款的海报通常由产品名称、功能或卖点、产品介绍、主题思想和价格因素等方面构成。

2. 爆款的各项参数和卖点。参数包括解读爆款的制作工艺、材质、流行元素、板型、尺码以及可选颜色等；而对爆款的卖点来说，应该将其最大化。

3. 买家的好评。大部分消费者都有从众心理，因此要把最好的评级为顾客展示出来。比如，海量销售和海量好评就颇具羊群效应，能够吸引大量的买家。

4. 爆款展示图片。可以找一些合适的场合和模特，拍出一些真实的搭配效果，并且模特要按照具体的人群来设定，衣着风格应符合流行趋势。

5. 添加爆款同类产品的优劣对比数据。这有利于突显本爆款产品的优势，尽管很多商家都是在自吹自播，但依然会吸引很多买家。

6. 分析爆款价格便宜的原因。

7. 爆款的竞争力。展示爆款的专利、工厂规模、生产设备、各类检测合格证书以及专业团队等方面的优势，以突出公司的实力，增加买家消费的信心。

8. 介绍自助购物解答和购物保障。自助购物解答包括：客服工作时间、购物流程、物流说明、退换货流程等。而购物保障包括：七天退换货保证、退货流程、消费承诺、先行赔付说明等。此外，还要有购物后满意好评打5分的提示，可为买家赠送优惠券或者现金返还。

打造淘宝爆款产品需具备的因素

1. 很好的产品卖点。卖家如果要培养一款爆款产品，首先就要发掘其独特的特性和卖点。这是与很多对手产品相比最有竞争力的武器。因为买家都非常喜欢货比三家，所以在打造爆款前，要做好爆款产品的价格、性能以及卖点等方面的市场数据调查和竞争对手分析，不打无准备之仗。

2. 营造积极的爆款促销活动。想要增加网店销量、打造爆款产品，网店的促销活动是大量成单的前提条件，也就是说，应该制订好产品的促销方案。另外，卖家在推广新品时，如果资金非常雄厚，则可以实行前几名免单或是满多少减现金和送礼物的方法来吸引买家。

3. 爆款产品的好评率要高。爆款产品必须要好用，符合买家的真实需要，这样好评率才能比较高，才会让购买率变得越来越高。所以，能够赢得买家的信任并做好爆款产品的好评，也是打造淘宝爆款产品的重要条件之一。

此外，爆款产品的售前、售后服务，也是影响爆款产品的重要因素。所以，淘宝卖家要想成功打造一款淘宝爆款产品，就必须要做好爆款的卖点提炼、营造积极的促销活动以及爆款产品的好评等方面的工作。

打造爆款不宜盲从，公式教你如何操作

如何打造一款淘宝的爆款产品呢？既不要盲从、照搬别人的想法，也不能毫无顾忌地蛮干，否则，成功的概率是很低的。因此，打造爆款产品需要懂得一定的方法，即按照下列公式来具体操作：爆款产品=30%选款+10%文案+30%刷单+20%推广+10%运气。

选款（占比30%）

一般来说，如果爆款产品选对了，往往就意味着已经成功了三分之一。但对于选款，我们应注意，不要认为随便能拿到的货就是选款。因为如果你挑的是大家都想要卖的产品，那么用竞争惨烈来形容绝不为过，而且最终的结果未必圆满。因此，我们在选款时应注意以下几个问题。

1. 如果是把同类产品作为爆款推广，在进货时就必须要想办法拿到比竞争对手更低的价格，有了这部分节省出来的成本，就意味着你能够拥有更好的盈利空间和推广计划。此外，在爆款的供货时间以及退换货等方面，你都应该比竞争对手做得更好，这样才能大大提升买家的满意度。

2. 对于同行业的爆款产品，你要做到不一样的款式，这样能够直接避开竞争对手的竞争。比如，我们可以自己设计一些款式，然后找到一些厂家来为你生产这些独特的款式。虽然有些难度，但却是另辟蹊径的选款方式，而且具有极好的效果。

3. 卖家按照工作经验、长处以及自己身边的资源来选款。例如，服装设计的优势、渠道的优势以及工厂的生产优势等，此外还可以利用身边的朋友、亲戚等，来整合资源。

文案（占比10%）

当爆款产品选好之后，靠什么来吸引买家前来购买呢？接下来，我们就应该为爆款做一个合适的文案策划，也就是提炼卖点，并按照卖点来为其做首图、优化标题、宝贝详情以及网店的整体规划等工作。那么，如何提炼卖点呢？

1. 卖点要从买家的认知中寻找，千万不能以商人的认知程度去找，也就是说，要站在买家的角度去描述爆款产品。

2. 不能使用含糊不清或是定义模糊的词语。因为销售工作的本身不是引起与他人的辩论，而是吸引、培养买家对产品的兴趣。

3. 文字简洁，能够精准地概括出爆款产品的特点。文字越是简单，就越可以说得清楚，也就越能够让买家容易轻松接收。

刷单（占比30%）

刷单的目的是提高淘宝的流量和销量。这里说的刷单是一种有效推广的手段。刷单就像你家开业的时候找几个人撑撑场面，偶尔找个朋友给你加点儿人气。但我们应注意，这里的刷单主要是为了基础销量，提高转化率，促进买家真实购买，刷单以后，必须配合着引进流量，提高销售额。

所有开网店的人都会知道刷单是非常重要的，但如果方法和时机不对，就不会有太大的效果。因此，我们要学会有效定位爆款的细分领域，主刷长尾词的效果就会非常理想。下面，我介绍一下刷单的相关事项。

1. 根据网店流量的情况，控制刷单的优质流量以及淘宝给网店真实流量的比例，比如可保持在1:5，淘宝每给网店1个流量，即可刷5个。

2. 第1单应尽量在有20个左右的总流量时再刷。

3. 当没有客户真实的流量时，不要去刷流量。

4. 刷流量时要估算淘宝给网店的流量频率，然后分配到一天的几个时间段中，不能一下子刷太多流量。

5. 关于刷单流量的入口，要通过顾客搜索的入口来，顾客是如何进来的，刷单也要这样操作，并保持一致的比例。而到了后期，顾客的入口变得特别多，此时可以自由掌握，但最好从来源入口最多的地方刷单。

6. 刷流量的前期是比较费时间的，在细节方面也要特别注意。但这通常需要几天的时间，越到后面就会越省力，最后即便是不刷单，流量也会不断攀升。

推广（占比20%）

推广有免费和付费的活动，我们需要按照自身的实际情况来选择。

1. 可以选择开通淘宝客，佣金设置在50%以上，但在前期要尽量多吸引一些真实的成交量。另外，如果搭上新品上市，则会有7~15天的流量支持。

2. 可以多参加一些像帮派团购、U站等第三方活动资源，不过，我们参加不是凭借他们来大赚一笔，而是这些资源可以为我们带来很多真实的交易。

3. 对付费推广来说，门槛比较低的可以参加淘宝直通车，如果财力有限，则可以先试验一下。另外，经常参加直通车的好处是，其引入的大量交易会大大提高宝贝的权重。

4. 这些推广活动的资源是为了刺激爆款产品的交易，如果想要赚钱，还是要凭借老客户。此外，要保持两周左右，有比较稳定的真实交易，然后再进行后期刷单，以起到补充的作用。

运气（占比10%）

最后的10%需要靠运气，运气可以说是大势，也可以说是付出所有努力之后的回报。

关于打造爆款产品，公式上面提到的还都只是理论，而具体的实践工作需要卖家付出辛苦的努力，并不断地总结经验和教训。要记住，只有付出才会有回报，绝不能在实践中遇到一些困难，就选择放弃。

为爆款产品选款的注意事项

爆款相当于网店产品的代言人，也是网店的"活招牌"。因此，对网店而言，成功地打造出爆款产品，是网店生存和发展的关键所在。那么，如何才能把新品打造成爆款呢？有人说是靠砸钱或是靠刷单，但其实，打造爆款要靠用心。

选款就是抄款吗

打造爆款的基础是选好款。当款式选好以后，打造爆款就会变得容易很多，因为爆款在有一定的基础销量之后，其自身也可以转化。而即便是在短时间内没有转化为爆款，也会形成收藏量和购买量，这也利于增加宝贝本身的权重。

有很多做淘宝网店的卖家喜欢去抄款，他们专门抄那些销量非常高的产品，比如从市场的销售量入手，找到一些销售很火爆的款式，然后就拿来用。但成交效果却不理想，这是为什么呢？

其实，原因还是出在宝贝本身的销量和排名上。这里有一个关键点，那就是计算宝贝的搜索流量和淘宝内部的免费流量（把活动排除在外），然后按照销量计算转化率。如果一款销售和排名非常高的产品，其转化率还不如行业的平均值，甚至更低，我们就要立即把这款产品放弃。因为一款转化率低于行业平均值的产品，做起来是非常辛苦的。可要是转化率远高于行业的平均值，那么我们就可以做了，但在具体的操作过程中，注意在宝贝的标题上避开这一点。在宝贝的详情页，可以用自己拍摄一组模特的图片，然后做成差异化营销。如果模特是官网里的，我们使用不涉及侵权和盗图的行为，就可以将模特图用PS抠出来，然后换一个背景，宝贝详情页也要实行差异化。这样，我们就可以做一款差异化营销的宝贝，其效果肯定差不了。

新品上架后，如何判断其具有爆款的潜力

1. 要让我们身边那些懂行的人多提有建设性的意见。

2. 有条件的卖家可以开直通车试一下，因为直通车对测款的帮助很大。我们通过查看直通车测款的数据，例如加购率、收藏率等，必要时可以借助淘宝网站的生意参谋帮忙，可以查看整个大盘的加购率和收藏率的数据。如果上架的新品高于或者等于行业平均的收藏率或加购率，就证明你的新品具有非常大的潜力；如果上架新品低于行业平均值，则只要与数据相差得不多，就说明新品也具有一定的潜质；但如果上架新品与行业平均值的数据相差非常大，甚至距行业的平均转化率甚远，就不要再投直通车，因为失败的概率非常高。通常情况下，这个数据参考的是7天的，或者时间更长一点儿也可以。

3. 但如果我们的实力有限，根本没有闲钱去开直通车，就要多费些功夫，只能让上架新品测款的时间变得更长一些，或者多去参考同行，查看同款产品的具体数据，然后再判断我们上架新品是否具有爆款的潜力。

我们再以服装为例说明，比如大家都在夏季做夏款服装，此时不管关键词还是活动方面，网店之间的相互竞争都异常惨烈。而那些真正的高手，在4月份就已经开始做夏款了。因为你可以查看行业热搜词，检查首页销量的具

体数字，等到你的网店做起来，那些高手们又开始去忙秋冬款了。因此，我们必须要从长远的角度去考虑、布局，比如在夏季布局秋冬款，而到了秋冬之际，你就已经成为佼佼者，此时，你的网络已经站在整个市场前沿，销量肯定会猛增。

上架新品如何快速成为爆款

　　把一款上架新品迅速变成爆款，是每一个淘宝卖家都梦寐以求的。这是因为，一旦新品成为爆款，就意味着网店增加了流量，提高了转化率，有了很多客户的积累，还有关联销售的意义。但如今的很多卖家仍然停留在依靠刷单就能成为爆款的思路上。实际上，爆款的打造需要掌握淘宝搜索规则在细节方面的知识。

成为爆款产品的根本因素

　　一个爆款产品实现高销量，其中有60%以上取决于大的市场因素，这也可以理解为消费者需求。而在剩下的40%中，有25%取决于网店基础和宝贝基础的好坏，另外大约有15%取决于网店在营销资源上的投入。

　　此外，我们还要清楚淘宝搜索引擎的排序规则是经常发生变化的。例如，有时是为了扶植中小卖家（新品、下架时间权重就会变高），有时是为了突出成交量大的爆款产品（销量权重就会高），有时是为了突出"小而美"网店（权重会多分给综合质量得分高的店铺）。

　　我们还需要懂得淘宝流量的具体分布情况。当我们打开淘宝的生意参谋时，首页会有一个店铺层级，但同时还会有一个宝贝层级。而且这个宝贝层级是由支付宝的成交金额——也就是宝贝的总销售额——决定的。通常，店铺会在1～7个不同的层级中，宝贝也是如此，并且在不同的层级中，分配的流量是区别很大的。往往越高的层级，网站分配给你的流量也就会越多。

我们可以将这7个层级分成3类：把1～3层分为一类，4～5层分为一类，6～7层分为一类。如果经常观察网店的流量就会发现：当网店层级在1～3层里波动时，网店的自然搜索流量变化幅度并不是很大，不过随着层级的上升，自然搜索的流量也会随之上升；等到升到4～5层时，网店的自然搜索流量将会上涨40%左右；而如果升到6～7层时，自然搜索流量就会增长1倍。

具体来说，在这3个阶段中，淘宝网店流量分配的比例大致为2：3：5，其中，最上面的两层占到50%，中间的两层占到30%，当然那些很多年的皇冠店铺、天猫店铺，肯定是这里的主流。而那些数量占比最多的中小卖家，是在最底下的3层。我们所要做的，就是从最底层的这些人当中，去抢剩下的20%流量。当然，能够从底层做好，依然可以获得更多的流量，也就可以成为爆款，最终冲到首页。

新品如何杀出血路，成为爆款产品

1. 积极扶植新品。

虽然淘宝网站只把20%的流量分给70%左右的中小卖家，但在目前的淘宝搜索新规则中，一个非常重要的权重指标就是扶植新品，这使得更多的中小卖家都可以赚钱，使其更有积极性，并且能够卖出去更多的产品。因此，只要网店上架的宝贝是新品，并且让淘宝的搜索引擎认定为新品（前提是没有出现违规的现象），新品就可以获得更多的流量，其后续表现越来越好，就越容易成为爆款。

我们怎么做才能让淘宝的搜索引擎认定宝贝是刚上架的新品呢？具体方

法如下所示。

（1）宝贝上传。不要使用软件或是淘宝助理之类的，要手动上传。

（2）宝贝标题。不要随便照抄人气高以及销量高的宝贝的标题，标题要自己编写并与其他标题有所区别。

（3）宝贝首图。宝贝的图片应该自己使用专业相机拍摄，而且尽量做到同竞争对手的图片不一样，比如，可以采用改变模特的姿势等方式。

（4）宝贝详情页。应该要有自己独特的设计逻辑。

（5）宝贝的类目和属性。这些设置要尽量让搜索引擎认定宝贝是新品。

2. 点击率、收藏以及加购的人气权重。

相对于新品来说，这3个指标在最开始时，是提示宝贝人气值非常关键的因素。因此，我们要保证这3个指标在开始时，例如宝贝上架的第1周，比同一个层级的竞争对手好。这就是说，一个月10万销售额的宝贝，就与其他10万销售额的宝贝比较，而如果同那些销售额100万的比就没有意义。

此外，在一段时间范围内，宝贝销量的对比是最重要的，比如新品上架的第1周同第2周比；第3周要同第2周比。也就是说，新品在第1周时，网站给了1000个流量，转化率为1.5%；第2周时，网站又给新品增加1000个流量，流量变成2000，如果此时的转化率仍然是1.5%或者更高，那么网站在第3周就会仍然多给新品流量。可是一旦新品的转化率下降的幅度非常大，那么网站给你的流量也会随之迅速下降。

3. 网店店铺的权重水平。

通常情况下，如果网店的综合质量得分比较高，那么毫无疑问，你的宝贝就能够获得更多的权重。网店综合质量得分的权重主要来自于以下3个方面。

（1）网店的整体服务质量。其中包括网店的DSR评分、退款以及阿里旺旺等相关指标。

（2）网店的整体活跃程度。其中包括上架新品的频率、网店的动销率等。

（3）网店的整体数据指标。其中包括整体转化率、网店的停留时间以及跳失率等。

4. 在特定圈子里的排名。

特定圈子是由关键词和下架时间等因素来界定的。因此，这里涉及两个非常重要的核心概念，那就是关键词权重与成交时间权重。如果在宝贝的某个关键词上，或者是在某一个特定的时间段内，宝贝相关的数据表现比较好，那么，在这个特定的关键词上与这个特定的时间段内，你的宝贝权重就会占比增多，也就是说，更容易获得自然搜索的流量。

中小卖家如何在30天内轻松打造爆款

打造爆款产品是很多网店卖家非常关心的问题，但实际上打造爆款产品并没有很多人想象得那么容易。虽然说过程不外乎是先从了解市场开始，接下来进行选款、上架、优化宝贝，然后把一个无人问津的款式，逐渐过渡并积累销量，最终变成网店的一个热销款式，但在这期间是需要掌握很多技巧的。那么，我们如何在30天内就能够轻松打造出爆款产品呢？

1~7天，新品上架的第1周，是新品期

在新品上架的第1周，我们首先应该保证基本优化完毕宝贝的详情页，宝贝的标题也要符合用户搜索的需求，最好针对小众类目。而且淘宝的搜索引擎会重点考虑上架新品的点击率的指标。因为淘宝搜索对新品的扶植，是通过给展现的机会来实现的，所以一旦新品拥有展现的机会，就要迅速抓住机会转化为点击率。新品在第1周时，往往点击率的指标非常重要，因为这是判断新品抓住机会能力的主要标准。

在新品上架的第1周内，宝贝是没有任何人气得分的，不过在这之后，淘宝会给新品宝贝一个比较高的权重得分。此时，要按照宝贝类目的不同，使得新品的销量迅速破零。通常情况下，像服装类竞争非常激烈的类目，在上

架的24小时以内就要立刻破零，最多不能超过3天。如果3天过去，宝贝还没有破零，则基本这款新品已经有60%以上的可能性被网站放弃了。

此外，新品在第1周时，收藏、加购也是非常关键的指标，我们一定要在这些数值上面，把同款的竞争对手比下去。此时还可以通过直通车来引流，另外就是宝贝类目的流量，必须要确保宝贝标题主关键词保持正确，标题内还要添加2个左右的小众类目关键词。

另一个非常关键的因素是上下架时间。比如，灯具类目销量最好的时间是18:00—22:00，因此，我们可以选择在这个时间段内将宝贝上架。这样的话，7日后，宝贝就会在周一的旺季时间段内自动下架（下架时间也会提升店铺的权重）。此外，宝贝在19:00下架前还有15分钟的展示时间；而在19:00以后下架的宝贝，也可以获得30分钟左右的展示时间。我们还应注意的是，爆款宝贝必须要用橱窗推荐，如果没有进行橱窗位推荐，宝贝就不能获得下架之前的展示。

8～14天，新品上架的第2周，是螺旋上升期

在新品上架的第2周，宝贝已经通过头7天的上下架销售，具备了一定的新品人气。此时是提升宝贝人气排名最关键的时期。这时候可以进行以下操作来提升宝贝人气排名。

1. 提升宝贝的人气增长。比如网店内只要有买家访问，就要想办法将他们留下来并达成交易，如果淘宝今天一下子给网店10个自然访客，结果达成1笔交易；而第2天淘宝给网店25个自然访客，结果达成2笔交易。这样的话，网店的自然流量转化率就提高了，而宝贝的人气也就会相应提高。因此，淘宝把更多流量给你的方法就是提高你的搜索排名。我们在这个阶段，还可以过直通车、钻展、淘宝客等方式，尽可能地提升店铺自然流量的转化率。

2. 优化宝贝标题。通常情况下，适合宝贝标题优化的频率是7～10天。另

外，千万不能频繁地优化宝贝的标题，否则就会被当作替换宝贝而遭到降权。宝贝标题优化的关键是，删除没有流量的小众类目以及流量下降很快的小众类目的关键字。通常，一个宝贝标题的主流量关键词，往往要经过3周以上的运营才能确定。一旦确定以后，就不要再修改主流量的关键词了。

3. 要经常查看生意参谋。我们通过查看生意参谋，就能够找到宝贝有哪些关键词被展现了最多的次数。被展现的次数多，就说明宝贝的这个关键词，至少在第1周时被分配了一定的权重。接下来，我们要看这个关键词是否与网店的宝贝密切相关。如果密切相关，在第2周时就要重点优化这个关键词。我们还可以通过无线端来对其补单，这样，宝贝的这个关键词就能够得到一定程度的强化。

15～21天，新品上架的第3周，是快速爆发期

新品上架的第3周主要做反馈率，其中包括图文好评率、分享、回购率等，特别是那些回购率非常高的宝贝，必须将这个比率做出来。另外，还可以采用好评返现等更好的营销方式。当然，新品上架的前两周是比较耗费时间和精力的，但度过这段时间后，就会越来越省力。

此外，我们还可以采用手机无线端刷单来巩固成果，这也是当前比较流行的刷单方式之一。采用手机刷单要比PC端更加安全、真实，不容易被淘宝稽查系统监测到，而且更易提高宝贝在整个无线端的权重，甚至还能提高宝贝在PC端的综合排名。因此，无线端刷单已经成为一种趋势，将会为网店带来更大收益。

21～28天，新品上架的第4周，是收获期

新品上架的第4周就到了新品的收获期，这一阶段主要是为了巩固宝贝的排名。我们一旦把之前3周的所有事情都做完，基本上新品就会成为爆款

产品，但是如果想把爆款产品的排名稳定下来，我们还需要一周时间的巩固期，第4周主要就是做巩固工作。

具体来说，第4周的工作和第3周大致相同，也是做好反馈率以及转化率监控等工作，不过任务应该要比第3周轻松一些，毕竟，我们的爆款产品已经到了收获期。

第七章

打造最好的客户体验，网店发展才能"长治久安"

　　"顾客就是上帝"，这一句话对网店来说尤其重要。因为如今的客户变得越来越理性，网店卖家只有更注重对客户的服务细节，才能提升客户在网店的购物体验，才能为网店建立起良好的口碑。否则，其直接后果就是网店的转化率低，销售额也会迅速降低。但由于每个人对网站的习惯、功能要求都不同，因此要想做好用户体验，就必须要照顾到目标受众的需求，并对目标受众的爱好、习惯等方面了如指掌。这样的话，才能做到有的放矢，实现网站最佳的用户体验。

客户体验的相关事宜

客户体验也被称为用户体验，也就是用户在购买、使用商品后的最直接感受。随着电子购物网站的不断发展，吸引流量也变得越来越重要，但维护老客户的成本肯定比开发新客户的成本要低很多，那么，如何维护好现有的客户资源，并做好客户的体验管理就变得非常重要了。

客户体验包括的主要类型

网店在运营的过程中，客户能够直接或间接体验到的主要类别是产品、服务、关系、价格、便利性、品牌形象等。但在不同的行业，对不同的目标市场和客户来说，各种类别的侧重点也是不一样的。下面，我来介绍一下每种类别的特点。

1. 产品。包括产品实物以及附加服务。比如，有食物等即时享用的产品，也有电子及耐用消费品等长期使用的产品。

2. 服务。包括服务于产品的基本服务以及产品的售后、维修和咨询等额外服务。

3. 关系。指的是维护客户关系的手段，比如，让客户加入VIP俱乐部，或者给予长期客户一些特殊优惠等。

4. 便利性。包括在整个客户周期流程中的便利性。

5. 品牌形象。包括针对各种市场和目标客户的品牌定位。

6. 价格。包括平价、高性价比、客户细分定价等。

如何通过网店购物打造客户至尊体验

1. 从物质体验来看，网店要做到如下4点。

（1）宝贝的质量好而且种类丰富。

（2）宝贝的价格优势明显，能够吸引大量的买家。

（3）宝贝的描述要清楚细致、准确真实。

（4）网店的装修精美，能够让买家在购物时保持心情愉快。

2. 从购买流程体验来看，网店应该做到如下5点。

（1）购买的流程顺心。客服操作要熟练，解答买家的问题时要耐心，态度要诚恳。

（2）发货的流程放心。避免配货混乱、包装随便、延误发货等情况的发生。

（3）送货的流程安心。卖家应该监控宝贝运送的整个状态，以确保宝贝能够按时到达，货物出现延误或者损坏时，应该提前制定出具体的解决措施。

（4）售后的流程省心。卖家应制定出一整套售后问题的处理标准，建立一个客户DIY提交问题的平台，并且推行"首问负责制"。

（5）关怀的流程贴心。在宝贝的使用期间，应该询问客户对宝贝的使用情况；有新宝贝销售时要通知老客户，为他们提供多种选择，以增加用户的满意度。

3. 从服务体验来看，网店要做好以下几点。

（1）服务响应要及时快捷，并设置一些快捷短语，离开1分钟以上就要自动开启回复功能，利用一切感情因素使得买家不忍心离开网页。

（2）交流时的语言要礼貌亲切，并尊重客户的喜好习惯；多使用敬语，而且对待不同的客户使用不同用语，使得客户有宾至如归之感。

（3）服务专业要令人信服。卖家应加强在线客服的理论知识和实践培训，经常整理客户问题。同时，对每款产品还要有亲身体验，这样便于指导客户操作使用产品，便于解决简单的问题。

（4）销售要积极主动。客服应该通过介绍产品的卖点，来帮客户下决心购买。客服还要通过良好的沟通，消除客户的疑虑，并推荐一些比较畅销的产品或者促销活动，以提升客户的贡献率。

（5）与客户沟通时要灵活融通，避免态度生硬。还要把顾客的问题当成自己的事情来处理。

（6）不管客户是否拍下宝贝，客服都应该真诚感谢他们光临店铺。

管理客户体验的方法

我们应该注意，在网店的实际运营中，不同的客户对于体验的需求有所不同。比如，有的客户喜欢视觉享受，那么就需要做好店铺装修，为其提供视觉体验；有的客户经济实力有限，那么就为其提供最大限度的折扣，让他享受价格体验；有的客户对宝贝的价格不在意，只想享受购物的过程，那么给予他最好的服务体验。

而在售前，客服人员需要了解清楚，客户到底需要的是什么，也就是说，只有知己知彼，方能百战百胜。此时，我们还要站在客户的角度、立场上考虑问题。作为一个消费者，他需要在店铺里找到所需的产品，并且能够享受到与众不同的服务。所以，此时对客户来说，网店要满足他对产品的性价比与服务的需求。

而当客户购买产品以后，就到了售后服务的范畴，此时需要进行长线跟踪。千万不能将宝贝的售出看成是一种交易的结束，尽管网店是"虚拟店铺"，但应该与实体店铺一样，也要做到"三包"服务，甚至能够做得更加完美。

因此，网店可以在宝贝的包装内，注明网店的联系电话等详细信息，还可以给客户一个惊喜。比如，送上写有贴心话语的卡片或者小礼物等，客户打开包装后就会感觉非常兴奋、满足，并且打消心里顾虑。

此外，当宝贝售出的一段时间内，客服都要与客户进行产品使用情况的交流，并及时为其答疑解惑。只要多一些这种贴心的服务，就能够让客户倍感亲切，也大大增加客户的忠诚度，并能够获得很好的口碑，也能够为留住老客户和增加大量新客户打下坚实的基础，而且会使网店的形象大幅度提升，这种用低投入来获取高回报的方法是极为有效的。

虽然现如今的电商运营竞争如此激烈，但网店只要能够坚持"货真价实，贴心服务"的原则，就完全可以在激烈的竞争中不断进步，而如何做到贴心服务，也就是管理好客户体验，这是一个见仁见智的问题，需要我们广大网店运营者的共同努力。

网站客户的体验营销

在店铺运营中，我们要不断提高客户的体验营销，以期实现成本最低的"口碑传播"。只要客户购物的体验效果提高了，转化率就能够相应提高。而目前网站非常流行的客户体验营销，就是要帮助客户解决并强化对网店的信任问题。因为只要这个问题解决了，其他的事情也就好办了。

店铺风格，第一感觉最重要

店铺给人一种"秒杀感"，是很多店铺最想要做到的风格，但这有点儿像"空中楼阁"，似乎"可望而不可即"。实际上，店铺的形象设计最需要的是温馨，能让顾客在购物时感觉非常舒服。

但如果想让店铺给人温馨的感觉，我们就需要注意下面几点。

1. 店铺的风格设计。首先要注意色彩搭配，接下来是最重要的，既不能给人太压抑的感觉，也不能让人感觉太空旷。等到设计好店铺规格之后，还要做一下测试，测试以后就不要经常换来换去，否则，就会给买家不稳定的感觉。

2. 搜索导航。很多即时浏览的客户，需要在很短的时间内就能搜索到所需的产品。因此，要合理划分搜索导航的位置，以方便顾客进行搜索。

3. 宝贝描述。宝贝描述中最重要的是什么？那就是要体现出宝贝的卖点，也就是让客户明白宝贝是用来做什么的，可以解决问题或者带来哪些便利。因此，卖点应该紧紧抓住客户的心理需求，并用适当的图片和文字去展现卖点。卖点也要简单易懂、针对性强，让客户一看便知。如果卖点总是拐弯抹角、模棱两可，客户就会看不明白，既拿不准也猜不透。而要想做好产品的卖点，需要我们既熟悉产品本身，又要把握客户的情感需求，这样才能做好一个优秀的产品文案，也就是结合产品的卖点和情感的诉求。可在宝贝描述页的主要位置注明产品的卖点，而产品的情感文化定位也要贯穿在整个文案中。

4. 产品的真实性。尽管产品的美观很重要，但产品的真实性更重要。因为产品描述的美观只能吸引客户的眼球，而产品的真实性却是客户更希望了解的，这关系到他们购买体验的好坏，因为谁也不想被别人"忽悠"着买东西。

5. 网页的浏览速度。网页的浏览速度是非常重要的，如果客户在短时间无法打开网页，其体验效果自然就会很差，往往就会带来跳失。

老生常谈的客服服务

其实在客服服务这一点上，很多卖家都做得不错，基本上都能严格要求客服人员的服务标准，也特别重视客户对宝贝的评价以及店铺得分等。

但我们还是应该注意下面两点。

1. 经常培训，让客服专业知识更加扎实。我们以销售美容产品为例，一个优秀的客服人员，除了具备良好的服务态度与服务技巧之外，还应该经常学习美容护肤等方面的专业知识。这样的话，客服人员在与客户沟通时，所起到的作用就不仅仅是一个客服，而是能够以一个美容专家的身份介绍自己的产品和一些美容护肤方面的注意事项。这样，客户也会非常乐意与客服交流，而且完成成交的概率也会大大提高。

2. 分析总结中评、差评存在的问题。当面对一些中、差评时，客服人员还要经常进行总结、分析，并定期在内部人员中进行探讨，研究如何处理这些中、差评。

细微之处见真情，包裹水平决定评价

在网店经营中，每天都会产生大量的包裹，包裹水平也有高低之分吗？我们千万不能小看这似乎是微不足道的包裹，其实它也是整个网店运营链条中的重要一环。

因此，要想做好一个包裹，我们应该注意下面几点。

1. 包裹质量。包裹不但要非常坚实，而且包裹里面还要有合适的填充物，千万不能到了客户手里已经惨不忍睹了，换作是谁，都不愿意接受这样的包裹。对很多中小卖家来说，这一点尤为重要，切不可为了省钱而忽略了包裹的质量。

2. 包裹形象。我们可以想想一些大牌公司的包裹，一定会代表着公司品牌的形象，这也是一种传播服务的形象。因此，在一个普通的包裹上面，我们还是有很多文章可做的，因为包裹既可以宣传网店、宣传品牌，又可以彰显出网店的优质服务。

3. 包裹用途。要学会用好包裹，以降低顾客对快递服务的误解。比如，曾经有一家网店，在包裹上面专门贴出一段文字，在上面既赞美快递的服务，也表现出对客户足够的尊敬。由于快递的高效服务，因此这家店铺获得中、差评的概率降低很多。

良好的产品体验

对网店运营来说，产品体验是非常重要的，因为这关系到是否能够吸引到

很多回头客。

1. 产品的形象。对同一个品牌来说，无论是哪一款产品，都应该具有统一、清晰的产品形象，并使用精致、贴心的外盒进行包装，让产品看起来非常美观。

2. 产品的附加值。好的产品是具有一定的附加值的，这可以大大提升产品本身的价值和形象。此外，我们在销售产品时，还可以附加一些相关的礼物，比如产品的小样、试用装、手册、杂志、信件、饰品、包邮卡等。如果我们还有自己网店的特色产品能够赠送，效果就会更好。

3. 产品的颜色。对化妆品来说，其产品的颜色，往往决定产品的销售，因为人们都愿意购买那些看起来非常通透而且有着鲜亮色彩的产品，这样视觉效果会更强。

4. 产品的香味。对化妆品来说，如果具有一种独特的味道，其产品就会充满魅力，并让客户产生好感，进而他们就会逐渐信赖产品，最后网店就能够提高用户的黏度。

5. 产品的感觉。对化妆品来说，客户购买的不但是需求，而且还是一种感觉。当我们的产品能够给客户很好的感觉时，得到好评也就是自然而然的事情了，而且还能提高客户反复购买的概率。

6. 产品的便利。化妆品的设计要人性化并方便客户使用。

做好互动体验，形成N次销售

在网店运营中，与客户之间的互动体验是非常重要的。其实，互动体验的方式有很多，也就是用一些非常合适的售后服务，来加强客户的忠诚度，进而将其转化成回头客。为此，我们可以为用户建立档案，并经常引导用户，以提高他们的记忆。但在具体的操作中，也要注意以下几点。

1. 选择适合自己的方式，但必须持之以恒，千万不要三天打鱼，两天晒网。比如，有很多卖家看到其他网店在做微博、微信、QQ群营销，也就跟着做微博、微信、QQ群互动营销；看到其他人做帮派，也跟着做帮派……其结果是，为此不断地投入大量的人力、物力和财力等，却一个也没有做好，最终的效果可想而知。

2. 选择适合自己产品的客户。无论数量有多少，都要用自己独特的方式去为他们服务。最终肯定会由少积多，换句话说，也就是"星星之火，可以燎原"。

3. 每天在群里，要选择一些大家感兴趣的话题，比如可以围绕着产品展开一些讨论，而对于一些有建设性的意见，可以给予客户一定程度的奖励。

客户的期望值管理

在网店运营中，做好客户体验就是做好服务。相信大家都会认同这一点。因此，在淘宝里，无论是那些大电商还是我们中小网店，只要管理好客户体验这一点，就都会有更大的发展空间。套用一句网络"名言"：未来可能会死的，肯定是死那些卖货的网店，而不是卖服务的网店。

提供个性化的产品

好产品是网店运营、推广的基础，而且要想打造买家的忠诚度也必须以产品为依托。那么，买家的忠诚是用什么方式打造呢？首先，网店的产品是与众不同的，也就是拥有个性化的产品；其次，我们的产品对买家来说，一方面可以节省价格成本，而另一方面可以为他们节省时间成本和情感成本。

因此，网店的个性化产品就可以这样选择：一种是创新产品，另一种是为买家节约各种成本的产品。但由于很多中小网店没有实力去开发新产品，因此可以顺着这个思路，来选择做某一个品类或者是某一类风格集合的网店。

如今的时代就是一个张扬个性、追求与众不同，同时又追求认同感的时代。因此，无论网店的大小如何，都不可能满足所有人的要求。我们所要做的就是要能够满足一类人的需求即可，在此基础上去了解、认同他们，并获得他们的认可，也同样能够成功。

因此，在选择产品方面，我们就可以选择一些自己喜欢，或者自己非常感兴趣的品类及风格，因为只有你自己喜欢，才能真正了解和把握我们的目标客户的心理与需求。

提供个性化的客服

每当淘宝网站举办像"双十一"这样的大型活动时，很多网店就在"客服"这个环节上面大做文章。比如，卖坚果的"三只松鼠"邀请了十二星座的美女客服；阿芙精油也有"重口味""小清新""疯癫组""淑女组"等分组客服；甚至还有小龙虾网店非常火的咆哮体客服。

这虽然与我们想象中的客服相差甚远，但我们可以换一个思路来想，如果我们网店的客服人员除了懂得最基本的亲切和专业以外，还能进一步突出自己的个性，使用一些比较个性化的回复方式，就会让客户有耳目一新之感，还能为网店做免费的推广宣传。

此外，网店在做活动时，不能总是做低价促销，我们还可以做一些有创意的活动，或者是有创意的赠品。比如赠送一些像防雾霾口罩、一瓶空气清新剂等有创意的小礼品。也可以利用微淘、朋友圈、微博社交媒体做一些话题运营。比如，讲一些网店的感人的故事，或者网店送给客户的惊喜，以及送货员身穿cosplay的服装，变身为动漫里的角色给客户送货上门，这些活动所带来的惊喜都极具话题性。

因此，我们要牢牢抓住客户，使其对网店非常信赖，并且让大多数浏览、收藏、成交过网店宝贝的人，都能够发挥其最大的价值，这样的话，我们的网店就会逐渐走向成功。

个性化的客户管理

我们可以把客户按照成交金额或回购的次数进行分级，比如VIP1、VIP2等；然后针对客户不同的级别分别进行有针对性的营销，比如可以建立老客户的微信群，并且按照不同级别的客户分开建立。对于这些微信群，我们要好好利用，平时应该多互动、多沟通，并适当发一发红包。如何好好运营，像前期的新品破零、直通车刷单、用好评顶掉差评等，客户都能够帮到我们。当然，我们也要尽力维护老客户，让这些VIP客户可以体验到类似于实体店会员专享般的待遇。

当客户收到产品以后，我们要经常回访客户并核实信息，比如食品类的客户，可以询问他们的口感；对于服装类的客户，我们可以咨询他们喜欢的颜色，以及袖口、领口的宽松大小等信息，当然，最重要的还是他们的消费程度信息，这可以决定网店为他们提供不同的消费推荐。

怎样才能提升客户体验

1. 多掌握产品基本信息。有很多网店的客服人员，因对自家产品的基本信息很不熟悉而导致流失很多客户。而即便是客户已经购买产品，可如果客服对产品知识不了解，就有可能在购买的过程中出现偏差，造成一系列售后问题。因此，客服要对自己产品的基本信息非常清楚。这样才能打消客户在购物时产生的疑问，为他们及时"排忧解难"，并促使他们完成交易。

2. 及时掌握客户的需求。不同网店的买家会有不同的购物需求，我们只有真正了解客户需要什么，才能掌控客户的购物心理，进而提出合理的推荐，这样就能大大增加买家客户的体验感。比如，如果想要购买童装的客户，非常重视产品的质量、舒适度、样式等方面的需求，客服就要着重为客户介绍宝贝在这些方面的特点；而如果客户购买的是电子设备产品，客服就要为其推荐性价比高的产品；而对于食品，客服就要为客户详细介绍口感、运输等问题。因此，我们只有满足不同品类产品的客户心理需求，才能有效改善客户的购物体验。

3. 使用亲切的语气。客服人员要及时回复客户的提问信息，而且善于使用亲切的语句，另外在沟通时还可以适当搭配一些旺旺表情，以增加自己的亲和力，并表现出你的热情。这些技巧的使用，对我们拉近和客户的距离并促成最终的交易，是极为有利的。

4. 积极主动的服务。客服人员对来访的客户是否积极主动，对网店的转化率影响也非常大。通常情况下，那些主动服务的客服，往往能够更好地解决客户提出的问题，还能介绍自己网店的产品。因此，主动服务的重要性在营销过程中所起到的作用是显而易见的。

能够为客户提供完善优质的客户体验的网店，肯定能让客户在心理上得到一定程度的满足感，也能够同客户建立良好的客户关系。这样的话，自己的网店就能给客户留下一个好印象，也能为下次的交易打下良好的基础。如果我们的网店做好了客户体验，就一定会出现很多回头客，因为客户除了要看产品的质量以外，还希望能够得到他人的尊重，并希望有一个很好的购物体验。

注重客户体验的细节服务

很多人都说，如今的淘宝网店是越来越不好做，客户也变得越来越挑剔，以前无论卖什么都能赚大钱，可是现在却……其实，随着电商市场的逐步规范、成熟，顾客也变得越来越理性。因此，网店卖家只要更加重视细节服务，加强客户的体验管理，自然就会在众多客户群体中树立好口碑，也同样可以赚大钱。

好的视觉体验，要简洁至美

我们都有在实体店购物的体验，而购物的环境对我们这些消费者来说，是非常重要的。此外，商品的陈列是否有序、合理，店铺的环境是否轻松、舒适，以及是否能够把主推的产品迅速引导到我们的面前，也同样重要。而在线上购物时，店铺页面和宝贝页面就相当于我们的购物环境。

因此，我们对网站设计的重点就包括：宝贝的展示、精美的页面设计、方便可靠的支付方式等。对于货品展示方面，大多数采用的是基础陈列方式，但我们也可以按照网站针对的目标消费群体的喜好而稍作调整。但无论如何设计，简洁、精美的页面，永远都是受大多数用户青睐的一种设计方式。

所以，好的宝贝页面要具备以下4个原则。

1. 店铺的页面轮廓清晰，主次也要分明。一般我们只需要为客户展示他们最急需了解的宝贝信息即可。只有我们满足了客户需求，网店的设计才会发挥其应有的价值。虽然我们在首页只展示为店铺带来更多价值的宝贝，但并非不能为客户提供大量的信息，而是应该更注意页面元素保持布局合理，突出视觉重点。

2. 在网页设计方面，注意减少客户不必要的点击次数。因为客户点击想要到达的页面次数越少，就越会有更好的购物体验，这样的话，购买回报率也就会越高。简单来说，展示的宝贝要尽量避免无关因素对的干扰，以加快其购买进程。

3. 产品的分类要清晰。在实体店中，产品肯定会划分出不同的区域，同样，线上网店的产品划分品类也要清晰明了，甚至相比实体店要更清晰，这样才能加快客户搜索到他们想要购买的产品。

4. 网店的网页设计要重点突出。在网店有限的屏幕空间里，我们要将所有的图像、文字、背景颜色、区分线、字体、标题、注脚等，全都统一风格，并且要贯穿到整个网店。此外，为了针对特定的目标人群，我们在设计宝贝的颜色、风格、功能等操作中，还要根据他们的具体特点来进行专门的设计。

拥有"顾问型"的客服专员

当客户在浏览网店时，所看到的产品都是一张张图片，既看不到卖家，又不能了解网店的实力，所以就会产生距离感和怀疑感。此时，他们只有通过与网店客服人员的交流，才能更加清楚地做出自己的购买决定。因此，网店的服务和态度，以及客服对产品的了解程度，就显得极为重要。

那么，我们到底需要一个什么样的客服人员呢？作为客户而言，我们首先需要客服的问候或者笑脸，这能够让客户感觉到，他不是在同一台冰冷的电脑和网络打交道，而是与善解人意的网店客服人员沟通。这会帮助客户消除他们的戒备心理，并且为网店树立正面形象。而即便是这次客户不会购买，等到他下次购物时，也会优先找到客户更熟悉、更了解的网店购买产品。

此外，如果网店客服人员拥有良好的专业知识以及销售技巧，就能够帮助客户挑选适合他们的产品，并达成最终的交易，提高转化率。但如果仅仅将网店客服人员定位在与客户的网上交流是远远不够的，因为一个具备相关专业知识和良好沟通技巧的客服人员，还能够为客户提供更多的购物建议，完善并解答他们的疑问，并对客户的售后问题快速给出反馈，进而他们就会成为顾客的"购物顾问"。

选择延长售后服务时间

由于网店的购物流程是比较复杂和漫长的，因此，售后服务的时间要比线下长。而买家一旦挑选好产品并完成付款，那么就将开始售后服务的流程。而有时候等待货物的时间也会比较长，这也容易让客户产生一定的心理变化。

因此，网店首先要缩短下单到发货的时间差，在客户下单后以最短的时间迅速发货，以提高发货的效率。等到发货后，网店要第一时间给客户发送消息，提醒客户关注所购产品的物流信息，并且将货物发出后的每一个环节都通知到客户，使得他们能够在这一流程中掌握、跟踪到相应的发货信息。这样的话，网店还能与客户的联系变得更加密切，从而能够让客户感受到网店对他们的关注。

而一旦出现派送延迟、失误的情况时，客服人员就要及时与快递人员沟通、解决问题，并且把因物流因素而导致的延误问题控制在最小范围内，这样就会避免客户产生不满情绪。

等到客户收到货物后，网店还要对货物提供更贴心的服务。这样的话，通过客户在线上和线下的口碑传播，网店就可以给其他客户展示产品的好评。而有的网店还配备专门的客服经理，每天都要巡查店铺评价，对于负面的评价立刻做出处理，通常是与客户进行电话沟通。即便是有一些无理的批评，但只要能够挽回的客户，就必须予以挽回。只要我们具备解决问题的态度和方法，最终就会赢得客户的信任。

网店购物虽然是一个虚拟的购物环境，但也包含从价格数据、服务沟通，到物流配送、售后服务等多个体验环节。尽管看不见、摸不着，但购物的每一个细小环节出现差错，都能够辐射到购物的整个流程并影响到客户最终的体验效果。因此，网店购物必须优化、完善各个环节的客户体验，从细节入手并改善这些环节，这样才能更好地赢得客户，也就能够让网站更好地得以发展、壮大。

第八章

打造金牌客服，提升转化率和客单价

　　网店的金牌客服人员，在运营团队中起着非常大的作用。因为他们不但是最底层的服务人员，而且还是最直接接触、了解、熟悉客户的人员。所以，那些金牌客服人员往往善于运用各种客服技巧，并能够留住很多通过引流过来的客户，达成很多交易，甚至还能提高客单价，同时为网店带来丰厚的利润。另外，金牌客服一定是练出来的，而且其服务态度决定了服务质量。

客服在大促前的准备工作

一个优秀的网店客服应该具备下列意识：首先是服务意识，要服务好客户并处理好售后问题；其次是销售意识，能够按照网店的要求销售产品；最后是品牌意识，可以让客户更深层次地了解产品并且认同网店。因此，要想服务好客户、招揽回头客，客服的作用至关重要。本节以大促为例，来介绍一下客服在大促前的准备工作。

大促前一个月的准备工作

1. 招聘、培训兼职客服。很多网店都会在大促期间招聘一些兼职客服，其实最好的选择就是与周边的大学进行合作，储备一些备用人员。但也可以对网店的内部人员进行培训，使其迅速成为一职多能的人才，当网店有需要的时候能够立即进行补充。那么，我们在大促期间到底需要多少客服呢？大家可以参考下面的公式：

总客服人数=目标销售人数×客服占比×客服交易转化率

2. 要设置旺旺快捷回复语和客户的常见问题。无论是网店的日常经营，还是大促之前的积极备战，我们都能通过设置旺旺快捷回复，来为客服分担一定的咨询量。客服可以统计过往的聊天记录，然后按照多数客户经常咨询的问题，比如邮费计算、包邮区域、热销商品细节图尺寸表、促销活动规则和时间等，来设置一些快捷回复用语，这样可以为客服节省很多时间。此外，我们还可以制定出一些自助购物流程，减轻客服的压力并加快成交速度。

大促前两周的准备工作

1. 对客服人员进行合理排班。客服人员不是机器，只有进行充足的休息才能保证更高效地工作。因此，不管是在网店的日常运营，还是在紧张、繁忙的大促中，我们都应该合理安排客服人员的排班。

通常活动都是在零点开始，所以在凌晨应以主力客服为主，当高峰期过后到了早上，就可以安排一些兼职或替补人员，等到下午和晚上的客户是最多的，则应该全员出动。在制定具体的活动排班表时，要精确到小时，还要做好活动前、活动当天及活动后的售前和售后人员的配比。此外，在活动期间，还要实时监测人员配比的接单量，如果发现失衡的情况，就要立刻进行调整。我们还要制定一份工作交接表，以确保工作交接准确无误。

2. 申请一个子账号，在旺旺插件上直接设置修改邮费和包邮的情况。客服人员应该准确使用旺旺插件，并在上面设置快捷回复、修改价格、地址变动提醒、重量自动合计邮费等，这样即可最大限度地将客服人员从繁重的工作中解放出来，进一步提高他们的工作效率。

3. 在客道精灵中设置商品的标签和相关知识。我们还可以在客道精灵的后台为商品设置标签和相关知识，这样的话，前台的客服人员就能够快速查找某一标签下的商品和介绍商品的相关知识，即可体现出网站的专业化。

4. 在客道精灵后台设置一些关联商品，以提升客单价。在大促的前两周，就要设置好每个商品的关联商品，然后再结合询单与客户的关注焦点并接入功能，即可快速为买家推荐他们满意的商品。

大促前一周的准备工作

1. 对所有客服人员进行大促集中培训。尽管网店在日常的工作中也会对客服进行培训，但在大促的前一周，应该抽出时间来对客服进行集中培训。培训内容具体包括以下几个方面。

（1）培训知识。其中包括商品知识、销售属性、宝贝基本属性等内容，此时，我们可以让客服人员反串角色，在网店的内部进行分享、交流自己的经验，并总结相关的知识点，以快速解决在大促期间可能会出现的问题。

（2）考试。对所有的客服人员，包括现有客服和兼职客服，进行相关知识点的测验。

（3）建立热门商品的关联库。让客服人员熟记库内热销商品的信息，以及一些替代和搭配品的信息，并设置快捷推荐短语。这样的话，客服即可主动为顾客推荐产品，以最大限度地利用流量。

（4）对旺旺或第三方工具软件插件等工具的使用情况，要对客服进行培训并使其能够熟练操作。另外，还要让客服之间在操作上的便捷使用技巧进行分享，使其能够最大限度地利用好这些工具。

（5）考核、总结。对一周的集训状况进行考核、总结，并让客服分享自己新学到的功能点和大促期间的注意事项。

2. 客服人员的后勤支持和奖励机制。我们在前面提到过客服的重要性和辛苦程度，因此，我们要让客服始终保持愉悦的心情，否则就会直接影响到交易的转化率。为此，我们在活动期间要积极解决客服的后顾之忧，比如在就餐、住宿、福利方面给予一定的优惠政策。此外，我们还可以为客服人员准备发泄的渠道，比如发泄球、拳击设备等，这可以有效降低客服的压力，也会增加工作的趣味性。

3. 设定目标进行绩效考核。对客服要设定网店的销售目标，并统计哪些订单是由客服引导的，而且还要将客服的目标分配到各组，如果完成就会对其进行奖励措施，以提高他们工作的主动性。为了让考核数据合理、全面、公平，我们可以选用像"淘绩效——实时统计"等第三方软件工具，掌柜就能够在第一时间得到客服的客单价、销售额、转化率、响应时间、退款金额等工作详情，并为随后的分析咨询流失的情况，提供聊天记录的汇总参考。

大促当天的准备工作

1. 催单、挽回客户。在大促期间，往往会有20%以上的订单虽然被客户拍下却没有付款，但如果催款就能够挽回其中30%以上的流失订单。那么，谁来催单，如何催单，而又有哪些客户可以催单，以及催单的时间、语言、方式如何呢？其实我们可以选择使用第三方工具，比如售前可以使用旺旺进行催付，既不重复又不生硬。此外，我们还要注意以下几个问题。

（1）催款要及时，否则，客户就可能购买了其他网店的商品了。而且有些商品在半小时内就会关闭销售。

（2）由于在大促时客服会非常繁忙，因此要实行自动化催款。

（3）对某些活动的商品，要单独设置催款，并有针对性地自定义设定短信模板。

（4）对于买家已经拍下多笔，但已经支付一笔时不宜多催，要催也只能催一次，以免骚扰到客户。

2. 目前催款的两种方式如下。

（1）由于在大促期间的订单量暴涨，如果使用旺旺和电话进行催款，则成本又会太高，而且效果也无法跟踪，因此可以使用自动化的短信催款方式。

（2）如果网店客服资源的储备比较丰富，还可以对部分高价值的顾客实行人工催款，但要事先就分配好相关的客服人员。

3. 有效监控客服绩效并进行合理的调整。在大促的当天要实时监测客服绩效，如果客服人员在一段时间内，出现询单转化率非常低的情况，则可及时更换客服。

4. 对客服要及时进行鼓励。在大促的当天，要按照团队的氛围情况，有针对性地选择一些既能够宣泄客服的不佳情绪，又可以激励客服工作情绪的方式。比如进行整点报单，报客服的实时排名（但只能报前三名），实行整点小奖励的措施等。这样即可把巨大的客服压力进行一定程度的释放。此外，我们还可以对客服进行分组，具体明确小组获胜的规则并给予一定的奖励。

5. 实行阶段性的总结和有选择性的引导。在活动当天，我们要设定几个时间点，进行阶段性的总结，来方便大家快速分享现有的成果。

客服人员在大促之后的工作

1. 积极处理退款纠纷。不要认为大促结束了，客服人员的工作就会轻松了。其实，很多非常重要的工作才刚刚开始，比如退款。客服首先要对退款的原因进行分类、总结，比如哪些能够避免退款，哪些能够通过换货予以解决，而哪些只能通过退款解决。此外，还应该对客服的售前、售后比例进行调整，此时要增加售后客服人员的数量，以更好地解决退款问题，把退款率降到最低。

2. 回复大量的询单。由于在大促期间产生大量的订单，因此客服还要应对众多的询单流。可以先编辑好一些预留短语，并用一种比较亲切的语言来解释当前的情况，但绝对要避免对客户语气过硬，这样可能会导致客户给一些较低的评分，也会大大降低回头客的数量。

打造网店的金牌客服

我们都知道，网店客服人员的说话需要一定的技巧，对金牌客服来说，技巧就更重要了。因为在很多时候，能否打动客户下单，就在于客户在同客服交谈的过程中能否被打动。因此，对金牌客服来说，经常使用一些有技巧并能够刺激消费的用语，就会让网店的销售业绩成倍增长。

金牌客服对成交转化的重要性

我们先来看一下不专业的普通客服和专业的金牌客服的聊天记录。

1. 不专业客服的聊天记录：

客户：在吗？

不专业客服：您好，在的，有什么可以帮助您的吗？

客户：这款宝贝，还有没有液化气的呢？

不专业客服：不好意思呀！没有了，已经卖光了呢。

客户：……

客户只能离开了。

2. 金牌客服的聊天记录：

客户：在吗？

金牌客服：您好！欢迎光临××××旗舰店，很高兴为您服务，我是本店客服××，请问有什么可以帮到您的呢？

客户：这款宝贝，还有没有液化气的呢？

金牌客服：亲，由于您看上的液化气的款式太好卖了，因此暂时卖完了哟。您不如看看这个款式吧，性能是完全一样的哟，只是面板不一样，但如果您拍下这一款，就会赠送礼物哟。（金牌客服在为客户介绍网店的其他款式，并以礼物相赠，首先是要把客户留住。）

客户：那好吧，我要先看看。

金牌客服：亲，我们的店铺，是属于厂家直销的，售后服务肯定会有保障，还有3年全国联保、终身维修、送货入户（没有入户赔100元），还有专业师傅负责上门安装，以及7天无理由退换货的服务！您买我们的产品，肯定会既放心，又舒心的！（金牌客服趁热打铁，当客户沉寂时主动出击，并表明在我们店铺的特别之处。）

客户：那如果现在买，还有优惠吗？

金牌客服：亲，我们是厂家直销，所有宝贝都是薄利多销的，但肯定是正品，质量也有保证哟，而且相信您不但要考虑这个价格的，同时还要考虑质量、售后等问题的。请相信我们的这款产品，绝对是物超所值的。您再看看宝贝的好评就清楚了！

客户：那就再少点吧，我立刻就拍下。

金牌客服：亲，实在不好意思呢，目前这个价格已经是最低了，再少就亏本了哟，质量好比什么都重要哟。不如您先拍下，我给您申请一张优惠券吧！

客户：那好吧，什么时候发货啊？

金牌客服：淘宝网站规定的发货时间，是72小时内安排发货的哈。但我们店要快很多呢，如果没有特殊的情况，一般每天下午4点之前拍下的宝贝，订单都是可以在当天安排发出的！发货速度是非常快的。（此时还可以使用定制快捷短语：非大促节假日拍下可以预约送货时间的哟。）

客户：好的，尽快发货哟。（顾客立刻就拍下付款了。）

金牌客服：亲，您看一下收货地址、收货人和电话都没有问题吧？嗯嗯，我们会尽快安排发货的哟，收到货物如果满意的话，请记得给我们五星好评哟，祝您生活愉快！（当顾客拍下宝贝后，要及时和顾客核对地址、个人信息，另外，还要特别关注一下顾客的留言信息，以避免错发、漏发，这样就能减少售后出现的一些不必要的麻烦和纠纷。）

从这两段的聊天记录中，我们肯定能够看出，一个不专业的客服与金牌客服之间的差距。目前，很多网店的客服人员都未经过专业培训就很快上岗了，所以，在了解产品和沟通技巧方面还存在特别多的问题，结果就可能浪费了很多宝贵的客户资源。

但我们从金牌客服的聊天中看到，对很多客户来说，客服的沟通技巧所起到的关键作用。因此，金牌客服的专业知识以及销售热情和技巧是非常重要的，而且金牌客服也绝对可以成为网店销售的王牌。

金牌客服必须要掌握的技能

1. 不要售前奉承而要售后服务。

售前的描述要真实，否则售后就会出问题。因此，如果自己拿不准，就要向同事请教，千万不要使用"大约""可能"的词汇来搪塞客户。否则就会导致两个结果：顾客流失；顾客收货后感觉产品不是客服描述的样子而坚决退货。

2. 今天，你对顾客微笑了吗？

有一句老话，"顾客就是上帝"，其实这样说是非常有道理的。而对金牌客服来说，即便是不能让顾客看到我们的笑脸，也依然能在文字表达上，体现出对于客人的"微笑"。这样的话，顾客就会带着好心情购物。

3. 真正的销售，是从售后开始的。

很多客服都会对售后"不太感冒"，实际上，金牌客服可以把售后看作是二次营销。这是因为，一旦解决了这次的售后问题，买家就会心存感激，就可能会第二次或者更多次地购买。

4. 要记住"客户，永远是对的客户"这句话是对的。

这句话看起来很绕，但其含义是，让我们学会如何引导客户来认同网店的理念，而不是去跟客户争吵、辩驳。

5. "态度决定一切"，是由于每个人的态度是不同的。

很多人都知道：细节决定成败，态度决定一切。如果没有好的心态，就很难做好本职工作，也很难提升自己的能力。因此，作为金牌客服，每天都会对自己说"我可以""我能行""我很开心"。因为，只有你开心了，你才能更加自信地去感动客户。

6. 忍受、享受过程。

既然选择客服这个枯燥、乏味、辛苦的工作，还可能要面对一些素质不太高的客户，那么要学着变通来处理一些问题，还要保持一个良好的心态。

7. 牢记这个公式：100-1=0。

虽然这个公式在数学上肯定是不成立的，但在销售学上，就能够成立。比如，你卖了100件商品，其中99件都得到好评，可就是由于你的失误，使得剩下的1个人给你差评。其结果我们可以想象一下，有可能就是因为这一个差评而影响了商品的销售，之前所有的努力也就变成了0。

8. 只要真心付出，就必定会有回报。

有付出，肯定就会有回报，但只是"时候未到"。因此，我们不要在乎自己多工作就会吃亏，这对我们并没有损失，要老老实实做人，老老实实做事。

9. 时刻保持文明用语。

平时也要注意文明用语，因为细节决定成败。养成一个良好的习惯，在与客户交流时，才不会出现失误。

10. 售前对出现的问题要有预见，售前、售后要统一口径。

很多网店的售前客服与售后客服，对客户的产品介绍总是会前后矛盾。这会大大增加与客户产生纠纷的可能。因此，我们的售前售后必须要统一口径。

11. 要做到"一个中心，两个基本点，三种角色"。

一个中心：以客户为中心。

两个基本点：基于公司和基于客户。

三种角色：做一个忠实的倾听者；一个优秀的裁判员；一个成功的解说者。

12. 对客户的服务原则是"两快"和"两好"。

"两快"指的是响应快、处理快。

"两好"指的是态度好、效果好。

13. 要经常赞美客户。

经常对客户美言几句，相信肯定会增加你的业绩，那么我们何乐而不为呢？

14. 要站在客户的角度，认真倾听并真诚服务。

如果能够站在客户的角度上考虑，比如为客户让利，则哪怕是暂时牺牲公司的一点儿利益，但长久考虑，公司还是会收获更多的利益。

15. 客户的事情，就是客服最大的事情。

只有把客户的事情当作是自己的事情，客户才会把你真心当成朋友。而一旦做到这一点，就相当于把商品的转化率提升了50%。因此，我们在为客户解决问题的同时，也是在为自己做事情。

网店客服管理的标准

如今的网店架构非常简单，通常一些小的网店只需几个人就能够运营起来。但最终不管怎样，还是客服人员的人数最多，因为这些人是店铺的销售，需要每天都守在电脑前等待客户的咨询。那么，我们应该如何公平、公正地对客服进行管理呢？

不同规模、不同时期的网店，对客服的管理要有差异

1. 当网店正处在发展初期时，对客服人员的管理要追求销量。此时网店的人员匹配还不充足，对客服管理的精力也不够。因此，就可以采取最简单、最实用的方法——销售提成法，来刺激客服的销售。

2. 如果网店处在发展中期，随着网店人员的逐渐增加，可以对客服人员适当增加一些考核指标，并把考核指标的数据与客服的提成挂钩。

3. 当网店到了发展稳定期时，对客服的管理就会发生很多变化。首先，要注重客服的服务水平和品牌意识；其次，削弱销售提成的概念，并采取绩效奖金的形式；最后，要固定奖金金额的档次。

客服管理的具体指标

网店的客服管理指标主要有销售额、成功率、客单价、协助跟进人数、

旺旺回复率和响应时间这6项，其中，最重要的是前3项。下面就分别介绍一下这6项指标。

1. 销售额。指通过客服而最终落实的付款金额。

2. 成功率。即最终付款的客户数量与咨询客服的客户数量之间的比例，即最终付款人数/询单人数。

3. 客单价。对客服绩效考核来说，客单价也是其工作能力的重要体现。客单价指的是，在当日销售额中平均到每个客户所产生的购买力。比如，如果100个客户在当日总共购买3万元的商品，那么，客单价就是30 000÷100=300元。

因此，客单价是考核客服绩效的重要指标。因为一个好的客服，不但要尽心接待客户，而且要在接待的同时主动去引导客户，推荐他们购买网店的相关商品，从而提高客单价的数值，最终才能提高个人和整个网店的营业额。另外，各项数据可以证明，那些静默下单（也就是不通过客服落实，客户自助拍下宝贝）的客单价，要远远低于客服推荐过的客单价，这一点就能够显现出客服的重要性。

4. 协助跟进人数。协助服务指的是，协助其他客服人员服务客户，并促使客户达成交易。举例来说，当很多客服人员服务一个客户时，由于事实上只能有一个达成交易的订单，因此，成功就会只计入一个客服身上。但协助的其他客服，就会计入"协助跟进人数"中，但不会影响到他们的转化率统计。

5. 旺旺回复率。这是对客服的工作态度和状态进行考核的一项内容。旺旺回复率指的是，客服回应的客户人数与咨询人数的比例。比如，在当日内，所有的客户咨询，客服全都回应了，那么，旺旺回复率即可达到100%。但有人就会产生疑问，如果面对大量的广告客户，客服就会选择不回复，这又应该如何统计呢？此时，我们可以使用一些比较好的客服绩效管理软件，就会把广告客户全部过滤掉而不计入客服绩效，这样就可以让客服绩效考核变得更加精确。

6. 响应时间。同旺旺回复率一样，这一项也是考核客服工作的指标。响应时间指的是从客户咨询到客服回应这一段时间差的均值。这个数值一般与网店的接待数字以及客服的工作压力有关。通常保持五六十秒的响应时间是比较正常的。但一些好的客服，会把响应时间控制在二三十秒。那些没有做好的客服，也可能会让响应时间超过100秒。当客户咨询完，客服很长时间才回应，这样极易导致客户流失，因此要特别注意控制响应时间。

客服管理的其他相关指标

1. 卖家服务态度。卖家服务态度也就是店铺的动态评分，建议至少要保持在4.6分以上，可以作为整个客服部门的考核指标。

2. 低质评价。低质评价指的是客户对网店服务或客服态度的不良评价。

3. 纠纷投诉。如果客户不满意客服的处理结果，就会发起淘宝小二进行介入处理。但最好不要走到这一步，因为出现纠纷会直接影响到店铺的质量分。

网店客服要跟踪未付款客户

很多时候，网店会有很多未付款的订单。但不管是什么原因，客服人员都需要对这些"未付款"订单进行跟踪，也要做好相应的备注，并找出具体的原因。因为网店每天都在非常辛苦地做推广，但好容易引来的客户拍下宝贝却没有付款，造成的浪费是很大的。客服人员应当找出这些未付款订单的原因，而不是仅在后台发一个"提醒买家付款"就行了。

每个客服都要将这些未成交客户的原因写下来，尤其是一些询单转化率比较低的客服。如果是技巧不到位，就先不要盲目地去接太多的客户，而是要将那些客户未能成交的原因分析透彻，并总结出相应的经验。通常要把握住以下几点。

1. 客户存在的疑虑到底是什么，客服的解答是否能为客户消除疑虑。

2. 其他优秀的客服怎样解决问题，如何打消客户的疑虑。

3. 现在如果回去再看一下记录，是否还能够为客户提供更好的解决方法。

此外，未付款订单也会对网店的经营产生一些影响，具体来说，有以下两点。

1. 网店可能会遭遇关闭的危险。拍下宝贝却未付款，特别是同一个客户多次拍下而没有付款，这对淘宝网店来说是非常危险的。有一个典型案例就是，一家网店每天都会遭遇很多未付款订单，结果就被淘宝网站关闭。这种情况虽然非常少见，但我们还是要注意。

2. 间接影响到网店的权重。由于未付款订单会直接让网店的营业额、转化率和流量减少，因此会间接影响到网店的权重。因此，我们一定要对未付款订单加以重视。

客服解决中差评的方法

很多淘宝用户，特别是一些优质、高等级的用户，似乎已经习惯了购物前先看评价内容再做出购买决定。因此，如果网店内充斥一些中差评，甚至有涉及商品质量方面的负面评价，就会对客户的购买心理产生负面影响。本节为大家介绍一下解决中差评的方法。

差评对网店会有哪些影响

1. 影响转化率。只要有客户在意差评，网店就会在不知不觉中失去这部分客户。我们辛辛苦苦地付出金钱和精力才吸引来的客户，就这样白白失去，是非常可惜的。所以，中差评会对网店的运营产生非常重要的影响。换位思考一下，假如我们是客户，当看到产品有诸如假货、质量很差、售后服务不好等差评时，即使非常需要它，也很难下定决心去购买。

2. 影响宝贝的搜索排名。目前，淘宝网站有一个"人气搜索"的工具，其排名与客户好评率、转化率、收藏数和累计售出数量等因素有关。如果宝贝出现中差评而影响客户的好评率，宝贝的搜索排名就会受到影响。

3. 影响宝贝的广告投放。直通车、天天特价、聚划算等很多淘宝网站的推广活动都会对好评率做出非常严格的规定。如果宝贝的好评率低于其下限，就不能参加推广活动。由此可见，影响是非常严重的。

4．间接影响。很多客户在看到中差评以后，购买信心就会不足，这会导致宝贝的人气急跌，交易量也会大大减少，最终致使网店的运营难以为继。

要做好中差评的预防和补救工作

首先，要提前预防中差评的出现。网店运营管理者必须要加强发生中差评的危机意识，并做好导致出现日常中差评原因的分析、统计工作，应先把产品质量、色差以及服务态度等重要因素列为具体的解决事项。

如果宝贝的质量和图片色差等因素无法解决，就要在宝贝详情页中做出重点解释，以减少一些不必要的误解，并避免客户产生过高的心理期望值。一般情况下，减少中差评的工作重点，就在于提前预防。

其次，要及时发现中差评内容。如果我们没有时间和精力每天去检查客户的评价，就应该借助第三方软件工具来实现。比如Finder软件，可以通过搜索评价内容的关键词来快速发现一些中差评的内容。

最后，发现了中差评内容后要高效处理。以下5点建议可供客服人员及网店参考。

1．客服应该建立对日常评价的巡查、监控制度，主要监控中差评、主推宝贝的评价以及最新评价等。我们可以通过搜索评价内容的关键词进行监控。

2．对于中差评售后处理的工作，要进行分级、分组处理，并随时跟踪处理结果。分级是为了让售后客服优先处理一些重点中差评；对中差评进行分组，通常可以将其设置为优先处理、一般处理和疑难纠纷处理等类型。

3．售后客服与客户沟通的最好结果，是让他们很快就能够修改、删除其负面评价，或者尽快追加一些好评。为此，可以赠送客户一些小礼品或者是给予客户一定的返现。

4．如果同客户的沟通、协商没有效果，则应迅速采取负面评价处理的应急预案。比如，可以通过对宝贝实行一些优惠的措施和方法，以期尽快释放一些剩余评价，并把那些优质的好评立即顶上去，即可将那些负面评价压下去。

5. 遇到一些客户的恶意差评时，客服应该积极掌握一些证据向网站的相关部门投诉，以降低不利影响。

实际上，不管是线上还是线下交易，只有充分保证商品的质量，才是解决这些中差评的必要条件。因为如果没有商品质量的保证，那么即便拥有再好的服务和体验、再快的物流以及再低的价格，对广大客户来说，也是没有任何意义的。

要全力做好客户的回访、安抚工作

售后客服安排回访工作，很多网店是根本没有这个意识的。因为他们在做客户管理营销工作时，通常只是群发短信或者是在旺旺群、微信群里群发消息，并且内容以推销宝贝的广告为主，比如新发产品的推广、老款的降价促销等，这会导致很多人反感这些消息。

可一旦出现了很多中差评等负面内容，客服就要进行回访、安抚工作。但售后客服的沟通技巧是极为重要的，绝对不能开门见山就对客户提修改评价内容的事情，否则会适得其反。具体来说，我们应该注意以下几点。

1. 因质量而导致的中差评，网店应承担邮费为客户换货。

2. 因色差问题而导致的中差评，客服人员应与客户积极沟通，并适当做出让步，比如给客户提供小礼品等。

3. 如果是因价格过高而导致的中差评，则客服人员在沟通时，绝不能总是强调网店商品的质量有多好，而是要给客户分析出一些具体的原因，并适当给予一些优惠券或折扣，以换取他们修改中差评和满意度。

4. 如果是因客服的态度而导致的中差评，就要对客户做出真诚的道歉，并说明相关原因，并表示处理态度，以期能够得到他们的理解。

5. 对于因快递延迟而导致的中差评，客服在沟通时同样要以对客户真诚道歉为主，绝对不能对客户强调："快递公司的问题，不是我的控制范围。"因为一味地解释、推脱责任，只能不断增加客户的不满情绪。

6. 如果客户的实际问题客服人员无法解决，就应该先与客户确认，然后积极向上级主管申请，这样也能给客户留下好印象。此外，客服人员在具体沟通时，要以电话沟通为主，这样表达起来就会非常直观，也容易得到客户的谅解。

网店客服如何应对客户砍价

不管是现实中随处可见的实体店，还是网络上的网店，卖家一定遇到过客户讨价还价的时候。淘宝卖家更应该在意每一位来到网店咨询的人，因为网店上的信誉度是要努力争取并被记录在案的。但对那些理直气壮地把价格压得很低的客户，我们应该如何解决呢？下面，我们就介绍一下这个问题的解决之道。

千万不要排斥那些爱砍价的客户

网店客服千万不要排斥那些爱砍价的客户。他们想要与客服砍价，就已经充分说明，他们对网店宝贝的购买意愿是很大的。一旦进入到议价环节，往往网店客服就会处在比较被动的状态了。而如果遇到那些非常会砍价的客户，网店宝贝被砍价以后，剩下的利润就很少了。

但不管怎样，客服人员还是要表现出愿意效劳的态度，也要表现出热心，绝对不能做出冷漠的回复。例如，如果不能议价，则不能直接说，要给出客户一个不议价的理由。

总之，网店的客服人员在面对客户时，态度必须要好，情绪也要保持正面。客服人员只有摆正心态、控制好情绪，才能让对方接受并最终达成交易。

转移注意力，坚守价格不动摇

当客服在面对着客户毫不客气的砍价时，可以采取以下几种策略进行回应。

1. 坚守自己的立场。当客户砍价时，客服人员可以先向客户保证宝贝产品的质量，要让他知道，花这个钱是非常值得的。比如可以说："我们家的宝贝绝对是物超所值，如果您感觉东西买贵了，可以马上联系我们，宝贝可以包退包换……"当然，前提是宝贝质量要好，千万不能打肿脸充胖子，否则，吃亏的还是自己。

2. 给客户赠送小礼品。很多买家费时费力地砍价，一般都是想要省点儿钱，此时可以先坚持报价。但为了尽快完成订单，则可以送给客户一些小礼品，大部分的客户一见有小礼品，就会立刻下订单了。

3. 与其他产品连带一起销售。这是在与客户讲价中效果最好的方法，因为不但能够卖出客户看中的宝贝，还能顺带销售一些其他的产品。比如，你可以这样说："只买这一件宝贝，绝对是最低价，但您要是再挑一件的话就可以打折，您还可以省去邮费。"一般这一招都会屡试不爽，对转移客户的注意力是非常有效的，最终能够达到双赢。

4. 赠送抵价券。赠送抵价券也是一种很好的方式，这样还能促成客户的第二次购买，使其变成回头客，并且绑住这些有购买经历的客户，进一步增加网店的流量与成交量。

因人而异，对不同客户采取不同措施

我们往往会面对很多不同类型的客户，应对他们也应采取不同的应对措施。一些"爽快"型的客户往往会开门见山地表示出："××钱卖不卖？如果卖就拍下了，不卖就拉倒！"对这种类型的客户，客服人员绝对不能动情

绪，即便买家挺"凶"的，其实也只是想要再优惠点，此时客服可以坚持自己的价格，但不要说太多废话，可以直接告诉客户一些"消费达到多少，就可以减多少"等关键信息。但也要给对方一个台阶下，比如额外赠送他一些小礼品，通常客户就会拍下宝贝。

而"牛皮糖"型的客户则是最难缠的。因为他们往往为了便宜几块钱，就可以与你讨价还价几个小时。此时，我们要按照买家的身份来采取不同的方法。比如，对方如果是一个学生，他的资金可能确实很有限，这时要尽可能给他让利；但如果对方不是学生，那么就可以这样回复他说："我只是一个小小的客服人员，在价格方面做不了主，而且网店有规定，只能按照标价（在优惠区间内）出售，您说的价格我要请示老板。"然后向对方表示，自己会尽量帮助他争取优惠。通常只要把问题往上推，一般人就不会再为了几块钱而计较了。

引导客户下单，积极掌握主动权

当客户同客服议价时，客服可以先尝试着慢慢引导客户下单，比如先让他下单，此时就可以获取客户的一些信息，然后进一步掌握主动权。

1. 根据客户的基本信息判断其性别。如果客户是男性，客服就可以用女性的口吻来与其交流，因为通常男性客户比较爱面子，不容易拒绝别人；但如果客户是女性，客服就可以从女性精打细算的角度出发，以男性的口吻与其交流，并适当地赠送给她们一些小礼物，或者是提供返现等活动。

2. 分析客户的砍价心理，掌握其心理动态。客户砍价，一般有以下几种心态。

（1）砍价不过是一个形式，主要还是寻求心理平衡。

（2）客户本身非常喜欢砍价，只要有砍价的机会就绝对不会放过。

（3）希望得到一定的优惠，才会去购买。

（4）客户已经决定购买，但却心有不甘。

其实，寻求优惠是人之常情，很多人在平时买东西的时候，也都希望可以讲讲价，便宜一些，这是一种正常的补偿心理。因此，网店的客服人员在遇到客户砍价时，不要直接对客户说"不议价"之类的话。因为这样做极易让客户产生不满的情绪，并最终出现客户流失的现象。因此，我们要妥善处理好与客户沟通、议价的问题，并且尽量吸引、留住他们购买产品，这样才能提升网店的销量。

实例详解网店客服的议价处理技巧

对于网店客服人员来说，掌握一定的议价处理技巧非常重要。否则，当买家犹豫不决、挑剔，或者对产品讨价还价时就很难应对自如。同时，掌握一定的议价处理技巧还能与客户进行有效沟通并提高成交量。本节我们用一些实例来详细解读网店客服的议价处理技巧。

议价处理技巧一：允诺型

客户：这款宝贝太贵了，我第一次买你要给我便宜点儿，下次还会来的，我也会介绍朋友来买的。

客服回复1：亲，咱家店铺的会员准则是×××，您这次成功购买的话，下次再买时就能够享受咱家的会员价格哟！（欢快状表情）

客服回复2：亲，真的抱歉啊！咱家店铺的盈利是最低的，您下次要买时也得看那时店铺的活动哟，真是对不住呢亲！（尴尬状表情）

议价处理技巧二：比照型

客户：×××家的这个东西要比你家的便宜，你能便宜吗？

客服回复1：抱歉哟，亲，咱这边确实不清楚别家店铺的商品情况啊！但咱家的宝贝都是经过严格质检的哈，请您放心购买哟！

客服回复2：亲，您要相信一分价钱一分货啦！尽管咱不清楚别家店铺的情况，但咱对咱的宝贝是非常有信心的呢！（斗争状表情）

议价处理技巧三：果断型

客户：您这别的什么都好，就是宝贝价格太贵了！

客服回复1：亲，咱家的宝贝自身盈利已经是很低了，但性价比却特别高哟，亲。

客服回复2：亲，真的抱歉！本店的本钱价高，价格也会要高一些的。亲，毕竟咱买东西不但要注重价格哟，还得好好看看质量，您说是不？

议价处理技巧四：威逼利诱型

客户：就按照我说的价格啦，能卖就卖，不卖我就去别家了。

客服回复1：亲，实在抱歉，真是给不了您要的这个价格啊！咱不能赔钱卖不是，的确很抱歉哟，亲！（大哭状表情）

客服回复2：亲，要不您再考虑一下哈，咱家宝贝的确是最低价格了，亲！（委屈状表情）

议价处理技巧五：获取怜惜型

客户：我现在还是学生呢，掌柜你就便宜点咯！

客服回复1：亲，我也是刚毕业呢，第一份工作啊，都不容易，给您的优惠还要在我的工资里扣啊，请您见谅！（大哭状表情）

客服回复2：亲，我才上大四，还没有毕业呢，如今实习，也比较困难，刚刚找到这份兼职客服的工作呢，为了能给同学买份生日礼物，咱家真不能议价啊，十分抱歉哟！（委屈状表情）

议价处理技巧六：借口型

客户：哎呀！我支付宝里的钱不够了，刚好只有这么多钱了。

客服回复1：亲，的确很抱歉哟，咱家的店铺改不了宝贝的价格呢，要不，您再看下，能不能先给支付宝充个值，然后再付款呢，亲。（委屈状表情）

客服回复2：亲，可以找人代付一下哟，咱家真不议价的，耽搁您的时间，真是很抱歉哟！（对不住表情）

议价处理技巧七：犹豫型

客户：好的，我再看看别家的，再考虑一下。

客服回复：亲，好的呢，祝您购物开心！天凉了，要记得多穿衣哟！××客服在此恭候您回来，有疑问，要随时联络我哟。

议价处理技巧八：熟客型

客户：我是你们店的老客户了，就再给一些优惠吧！

客服回复1：（笑脸表情）……感谢亲的始终支持呢！但我们家一直是实价销售的哦，亲选的这款更是活动超低价呢！

客服回复2：亲，我一定会帮您盯好发货，把好质量关。但价格的话，这款价格真心是最低的啦！

网店议价屡见不鲜，但客服人员应"临危不乱，见招拆招"，在面对客户议价这个棘手问题时，建议采取"三步走"的策略。

第一步，应了解客户的议价心理；第二步，掌握面对不同客户时应采取的不同议价处理方式；第三步，对常见客户的议价类型进行系统分类，并不断进行总结。

通常只要掌握了这三个步骤，再辅以一些合理的应对话术，就会让客户为你埋单，并让他们对客服人员及网店产生好感，进而成为回头客。

第九章

动态库存管理，
是网店存活的筹码

　　很多网店卖家只重视店铺的流量与成交量，对库存管理却并不重视。而且，他们甚至都不清楚，库存管理也是网店运行的重要组成部分。这样就导致很多网店在销量增加后，又采取大量进货的行为，同时也增加推广运营的费用。结果网店赚到的钱全都购买了大量的产品并堆积在库房中，却没有更多剩余资金来维持网店的运营。这些问题都是库存管理急需解决的问题。

网店中的库存类型分类

简单来说，库存的定义指的是库房中的存货。而对零售型的网店来说，库存一般是指储存在库房中的所有货物的总和。但网店中的库存不能一概而论，因为网店运营中的购买和发货，往往在时间和空间上异步进行，因此，网店的实际库存往往会有不同的系统结构。

可销售库存

可销售库存，指的是在网店的前台显示的库存，这是库存最大的组成部分。目前，在绝大多数的电商企业中，其前台和后台的数据基本保持同步，以利于客户做出自己的判断。当商品的可销售库存为正数时，我们就可以购买，而且在网店的前台即会显示出产品可销售；但当可销售库存小于零时，网店的前台就会显示出产品缺货的。缺货并不意味着库房中真的没有库存，而只是表明目前没有可以销售的库存。

虽然目前很多网店只会在前台位置提示是否有库存，但也有一些非常大的电商企业做得更为精细。比如，我们浏览京东所售产品的前台，当客户选择在不同的区域收货时，京东的系统还会按照其各个分仓的库存数据来做出明显的提示，这样就可以更方便客户购买，而且客户的购物体验也会更好。

像亚马逊这样比较大的电商企业，还会把一些不利因素变为有利因素。比如，当其可用库存的数量显示很少时，亚马逊的系统就会在前台提示：本商品的现货数量很少，请客户抓紧时间购买。这样就将不利因素转变成了有利因素，而且还能大大提高产品的转化率。

当买家在选购完商品的数量并确认订单时，网店的前台就会先向后台系统发出一些命令，以检验订单产品的数量和当前的可销售库存数量。如果可销售库存的数量大于订单产品数量，就会通知前台购买成功，否则，就会立即通知前台，当前的库存不足，不支持客户的购买数量。等到一张新的订单生成后，该客户购买的库存产品数量就会被预留下来，并用于后续的发货。此时，系统中可用库存数量减少，它们变成了订单占用库存。

订单占用库存

当很多新的订单生成时，可用库存的数量就会减少，订单占用库存的数量就会逐渐增多，这个出现变化的数量，也就是订单中的产品数量。

那么，我们为什么要设立订单占用库存呢？其原因就在于，生成订单与库房发货在时间上是异步的，也就是会有一定的时间间隔。而且设立订单占用库存能够保证已经生成订单的产品可以及时发货，并让客户顺利收货。此外，在客户下订单时，能保证有产品可发货。否则，很有可能出现在客户下订单以后，库存发现无货可发的尴尬情况。

另外，我们在处理订单时，所针对的是已经被订单所占用的库存数量，这与前台的销售没有关系。等到订单出库以后，网店系统中扣减的也只是订单所占用的库存。

不可销售库存

当产品因包装破损、性能故障、型号标错等而导致无法销售时，那么在库存的系统中也必须要有其相对应的记录状态，即不可销售状态。

不可销售库存在库存管理的系统中有两种标注方法。一种是使用不同的 SKU（最小存货单位）代号来加以区别。比如，一种正常商品的SKU编码为 135108，那么其对应的不可销售库存的SKU编码则为135108U。另一种方式 是，产品使用的是同一种SKU，但要专门为其开辟一个不可销售库存区，即 可将所有不可销售的库存进行统一管理。

锁定库存

网店在实际销售中，经常会采用降价的促销方式，而且效果往往也会很 好，通常都会在很短的时间内就把商品全部销售掉。这样，可销售库存也就 直接转化成了订单占用库存。

但也会有一些特殊情况，比如卖家不想立即就把所有的库存商品全都 售出。因为有时这样做的成本会很高，甚至可能会赔钱；而有时则是为了防 止竞争对手进行恶意采购。但更多的原因是，商家希望把产品进行大幅度降 价，将产品作为吸引大量流量的引子，从而带动网站流量和整体的销售额大 幅度提升。因此，这就需要把促销商品的数量进行人为干预，即分批次来进 行促销。

为了顺利实现这个目的，我们就会采取锁定库存的方式。网店的库存被 锁定以后，就不能直接进行销售了。当促销进行一段时间以后，其可用库存 就会变成零，也就无法继续销售，必须在解除锁定后，将锁定库存转化为可 销售库存，才能继续进行销售。

虚库存

前面列出的几种库存方式，都是指在库房中的库存实物。可是库房的总 客积量是一定的，不可能无限制的扩展。但在电子商务这个虚拟购物的状态下，可以展示商品的无限潜力和销售能力。要想把有限的库房处理能力与无限的可销售商品联系起来，其方法就是虚库存。

比如，一些产品，尽管库房中没有，或者实际的数量并不多，但由于其供应渠道非常畅通，能够在很短的时间内送到库房中，并转变成库存。此外，还有一些产品，本身的销售量很少，所以库存管理难度大，只有顾客购买并产生订单后，才会向供应商采购。这部分并不在实际的库存中，但却能够很快采购到位的产品就被称为虚库存。虚库存的存在，能够让前台的可销售产品的数量大于实际的可销售数量。

中小网店如何管理库存

在中小网店的实际运营中，库存管理是一项非常重要的工作。比如你的网店有一款非常热卖的单品，但很快就没有货了。此时，客户就会经常询问"为什么没货？什么时候有货？"此类问题，客服只能含糊回答。而如果网店做好了库存管理，就会让发货、收货的速度加快，这样可以大大增加客户的好感。

不同类型的网店卖家在库存管理中的问题

1. 生产企业型网店。这种类型的网店往往规模相对比较大，而且从生产到销售的每个环节都会涉及，网店一般会设有实际的仓储管理部门，也会使用一些管理软件对库存进行管理。但如果未能形成一个库存管理体系，也没有对信息流与资金流进行整合，就会导致库存的周转率低，且效率低下。

2. 批发型网店。很多批发商都会拥有自己的仓库，也会为此进行一些简单的库房管理，但批发商不能控制生产商的经营活动，就会经常出现断货、缺货以及产品更新的速度缓慢等状况。这就会对批发商的库存管理造成很大影响，也会使其网店运营产生很大困扰。

3. 中小型网店。一般中小型网店仍然处在成长阶段，他们资金实力弱、库存规模小、产品的种类和数量少，并且容易控制，这使得很多中小卖家对库存管理的认识存在着严重不足。但中小网店的经营规模也会逐渐壮大,等到库存管理出现严重问题时再进行改变,就会让中小网店受到严重的损失。

中小网店如何进行库存管理

中小网店刚开始运营时,可能店铺里的宝贝只有几件。此时我们很容易记住销售的商品和仓库的状况。但经过一段时间的销售以后,宝贝就会逐渐增多,这时候要是出现错记或漏记的情况,就会导致发错货,给我们带来不必要的麻烦。

中小网店如果没有第三方的库存管理软件,就要自己使用Excel表格记录。通常表格中可记录品牌、分类、名称、产品包装、包装颜色、生产日期、入库数量、入库日期、到期日期、产品编号、货位、剩余库存、出库日期、出库数量等相关内容,而不同的宝贝可能会有不同的规格,这需要视具体情况来定。

此外,如果我们将几个单品进行组合管理,就容易提升库存管理水平,进而也会带动相关的销量。举例来说,一家卖护肤品的中小卖家,产品包括爽肤水、乳液、眼霜、精华、面膜等。由于护肤品是有保质期的,因此我们在为其设置标签时,就要把各种类型的护肤品都设置好到期时间,也就是把到期时间相近的产品进行组合销售。这样,我们在出货时就容易找到相关的护肤品,同时,我们也会更加清楚哪些护肤品需要尽快卖出去。

因此,即便是中小网店,做好库存管理也可以让店铺的运营变得更有效率。合理控制库存能够提高网店的竞争能力,而不完善的库存管理则会影响到整个网店的正常运转流程,所以希望各位卖家要重视库存管理。

中小网店的库房管理技巧

很多中小网店都会遇到这样的问题:把入库箱子根据相关的类别和款式

摆放在地上，虽然分拣比较快，但仓库的利用率却很低。因此，为了提高效率，可以把1/3的货物用一个货箱摆放；1/3的货物使用2~3个货箱叠放；而最后的1/3货物用4~5个货箱垒放。

如果对货物进行分区摆放，我们就可以按照以下几种方式对货物进行分区管理。

1. 按照客户类型进行分区。在这种方式下，我们可以根据不同类型的客户，把货物分类入库。但如果是同一个客户的商品，就可以专门设置一个区域进行分类。

2. 按照商品的分类来进行分区。例如，可以将鞋分为一个区域，衣服分为一个区域。此外，如果区域空间比较大，就可以减少使用货架的数量。像服装的重量比较轻，抗压性也很好，那么用于堆叠服装的栈板就可以适当增高一些。

3. 按照种类和季节进行分区。我们先把仓库商品按照种类划分，比如鞋子、眼镜、服装等。然后再按照四季进行分区，比如，当季的产品要摆放在容易分拣的区域；而那些过季的商品，由于需求量少，因此应该将其全部打包，但要列明清单，按照顺序来摆放。

4. 货架式分区管理。我们要将货架的高度统一，但在货架内每个层的划分，应该按照各个区产品的实际包装尺寸来定。

对于库房管理，最重要的是做好"6S"，即整理（SEIRI）、整顿（SEITON）、清扫（SEISOU）、清洁（SEIKETSU）、素养（SHITSUKE）和安全（SECURITY）。6S管理制度既能做到产品定位明确，让产品标示非常清晰，又能提高产品的出货效率和提高准确性。

中小网店库存管理的注意事项

1. 收货时要进行盘点分类。网店在进货时，首先要准确清点产品的数量，并做好相应的记录，以便于查账和清算盈利。然后做好分类，将不同的产品和不同的货号分开，这样便于发货，避免因找货而浪费时间。

2. 管理好库存产品的数量。这里的管理指的是定点定位，也就是把相同产品的地点、位置确定好，然后做成产品清单，并做到账目与实物保持一致。一般情况下，每隔一个季度或者一个月就要盘点一次，如果发现错误就要加以改正。

3. 发货速度要快。很多中小网店卖家人手不够，以致发货速度比较慢，结果客户的投诉就会很多。为此，中小网店的库存一定要做好目视管理，以提高发货、发货效率，这样至少在物流方面的好评就会大大增加。

做好库存动态管理，有效去除库存数量

很多中小网店卖家都会遇到如何更好地管理网店库存的问题。因为库存的周转率在某种程度上能够决定网店的利润，所以，如果我们的网店对库存进行动态管理，就可以实时了解现有库存、正在途中运输的补货库存以及网店的退换货等情况。

动态管理库存的重要性

以淘宝网为例，目前在淘宝上多店运营的方式是比较常见的，比如有的网店经营高端品牌，而有的网店是面对中低端市场，经销很多物美价廉的商品。由于商品数量、品种繁多，因此往往就会拥有几个库存。每当举行大型的促销活动时，随着交易量的迅速增加，库存变化更加剧烈。在这种状况下，库存管理就能够直接影响到网店的下一步营销计划。

这里我们以退换货的流程来举例，如果仅仅凭借库管人工查询库存的数据，再让系统检测到库存状况，以及反馈出退换产品的类别，就会大大增加流程节点与处理时间，同时还会增加误操作的可能性。但如果能够让网店运营人员实时检测库存，效率就会大大提高。

网店销售必须要跟着库存跑

对实时管理动态库存来说，重点就在于我们能够随时有效截取仓库进出调度的数据。也就是说，库管人员应该掌控仓库商品数量的实时流动状况，这样运营人员就能依据库存的实时数据制定出客户咨询、催付和推销的具体策略；分拣货人员也能够从容、合理地分配自己的工作；而店铺掌柜也能按照这个数据来观察当日的营销重点。

接下来，我们每天还应制作出一份出库数据表格，这份表格要清楚地反映出网店的销售情况、退换货情况、销量变化以及内部调拨等数据。如果每日的数据出现一定程度的落差，我们还可以结合类目的淡季、旺季等因素来分析具体的原因。

此外，我们还可以利用警戒库存，把库存的数据同网店的每日销售进行关联。这样，我们就能够通过每日的库存报表，使网店商品的销售管理变得更加容易，而且还能对网店营销策略提前做出准备。

实时管理库存数据，甩开压货风险

库管对于采购入库的各项数据都必须及时录入，以方便运营人员了解供货商的生产能力和次品率等情况。当期的期末库存数据还应该为下一次的采购计划做参考，并且要综合网店长期的销售数据，得出网店的动态库存数据范围，最后负责人再按照这个库存数据的均值来做出相应的采购计划。也就是说，我们要通过对比采购周期、平均销售量、可用库存和安全库存的数据来得出实际的采购量，最终找出适合网店销售的备货量，这样操作即可大大降低压货的风险。

此外，我们在采购时还要与网店近期的活动计划相适应。比如，网店最近准备策划一个主题活动，这肯定比平时的采购要大。因此，实际采购量就应该按照以往活动的效果或者同行活动的效果来定，并且网店还要兼顾其他商品销售情况。

因此，网店在具体经营中确定采购数量是一项有点儿难度的工作，因为我们不但要参照某一项数据，还要结合其他因素进行综合判断。此时，动态库存管理这个辅助工具就显得非常重要。如果一味注重网店的推广、卖货，而没有把后方库存安排妥当，就可能会面临压货的风险。

网店库存管理要点须谨记

总体来说，库存管理要保证数据准确、实时，以便于网店的运营人员随时查询销售、进货、补货和快递发货的情况。另外，我们还要牢记以下几个库存管理要点。

1. 当货物运到库房时，要立刻按照商品的类别清点货物的数量，并做好分码、分色以及编制统一货号等工作，再输出当次入库的单据，与进货人员仔细核对，等到核对准确以后，即可在库存管理软件中录入相关信息。

2. 在存放货物前，还要仔细检查商品的质量。如果查出商品有问题，就将其进行换货处理。如未能换货，则应对其进行单独建账处理。

3. 货物在存放时要注意防潮、防尘，如果商品没有外包装，就需要在其上面加盖塑料包装。

4. 对于外包装没有尺码标识或者标识不清晰的商品，应该使用油笔重新进行标注。

5. 当接收到发货快递单据以后，应立刻组织发货，并在库存系统做出库处理，在出库时还要备注发货单号，快递发货单也要按照日期分类存放。

6. 遇到退货时，当商品送到库房后，首先要检查商品外观、内部是否完好，如果商品完好即可重新入库。

7. 库房在每个月都要进行一次盘点，盘点的日期可选在月底。

库存管理的几个实用方法

随着电商竞争的日益激烈，有些网店因巨大的库存压力而关门，可见，保持合理的库存，对很多网店来说是极为重要的。而库存管理就是为了满足网店在一个阶段内所需商品的数量合理。但很多网店的种类、大小又各不相同，所以我们不能用同一种库存管理方法来管理所有的网店。本节为大家介绍一些管理库存的实用方法。

ABC分类法

ABC分类法，全称是ABC分类库存控制法，又被称为物资重点管理法，指的是把库存里的商品按照品种、数量与金额大小分为A、B、C3个等级。在这3个等级中，通常A类商品是特别重要的库存，B类是一般重要的库存，而C类是不重要或者说是一般的库存，然后针对不同等级分别进行管理和控制。

这就是说，我们能够针对不同种类的商品采用不同的管理和配置方法。目前，很多网店都采用这种ABC管理方法，对商品的品种与销售额，或者商品的品种和数量的相关性进行分析，以决定库存管理的重要品种、服务率、断档率、库存量等。

这种库存管理方法非常适合于"二八法则"，也就是网店20%的商品的销售额占到整个网店总销售额的80%。而且ABC分类法是美国通用电气公司首先应用在库存管理中的。

ABC分类法的基本原理是，在库存商品中存在着少数商品占用着大部分的资金，而大多数的商品却占用着很少的资金的情况，我们就可以利用库存与资金占用之间的规律，将库存商品按照其消耗数量、价值大小来进行分类排队。把数量少、价值大的一类称为A类，数量大、价值小的一类称为C类，介于A和C类中间的为B类，然后对这3类商品分别采取不同的管理方法对其进行数量上的控制，即为ABC分类法。

在ABC三类存货商品中，因为这三类商品的重要程度区别是很大的，所以应采取如下控制方法。

1. A类商品要列为库存管理的重点控制对象，所以应该计算每个项目的经济订货量和订货点，尽可能增加相应的订购次数，以减少存货压力，即减少A类商品昂贵的存储和大量的资金占用费用。通常以实行定期订货法的控制方式为主，而且对库存盘点等工作要特别严格。

2. 对B类商品的控制，也应该首先为每个项目计算经济订货量和订货点，但不必要求像A类商品那么严格，只要求进行定期概括性的检查即可，以节省存储和管理成本。网店可以按照自身库存管理的能力和水平选择定量订货点法。

3. C类商品则应该被定为物资管理的一般对象，因为C类商品数量众多，且单价又很低，存货成本也比较低，适合采取简单、粗放的管理方法。因此，可以适当增加每次的订货数量，并减少全年的订货次数，即采用定量订货法或者两库存的控制方式，并适当增加保险储备量。

经济批量法

经济批量法，指的是库存管理中在保证销售需要的前提下，以耗费成本最小为目标而确定采购数量的方法。

总存储费用是由库存储存费用与订货费用这两部分组成的。这二者之间遵循着相反的定律，即一次的订货量增大，那么订货次数就会减少，而订货费用也会相应减少，但所需的存储商品增多，因而导致存储费用上升。因此，经济批量也通常是指订货费与库存费之和最小的一次订货量。

定期订货法

定期订货法，指的是订货的时期是以日、周、旬、月等为一定间隔进行订货的库存管理方法。这种方法比较适合ABC管理中的A类商品。定期订货法有以下两种方法。

1. 定期定量订货法。指的是在一定时期内采用定量订货的方法。其定量通常以经济批量为标准。这种方法适合于那些预约性质商品的需要，比如，一些必备的日用品等。

2. 定期不定量的订货法。在这种方法中，订货时期是固定不变的，但订货量是由每次的预测需要决定的。这种方法非常适合一些单价比较高、备货时间长，而且需求变动性也比较大以及技术革新快的商品。

定量订货点法

定量订货点法，指的是当库存量下降到一定水平，也就是到了订货点时就立即开始订货的方式。这种情况下，首先应该确定库存量的最低限度，即安全库存量，然后再考虑供应期间的实际需要以确定订货点的到来。这就是说，订货点为最小库存量（即安全库存量）加上供应期间的实际需求量。

订货量通常采取经济批量的定量订货法，所以，单纯的定量订货法也就是订货点法的别名。当库存达到最低库存量（即安全库存量）的时间点时，就要立即为其补充货物，使得迅速达到最大库存量，就这样进行周而复始的库存管理。通常订货点法非常适合ABC管理的B类，也就是销售比较稳定的商品。

两库存法

两库存法，指的是把相同的商品分别放入两个相邻的货架内保管，首先提取其中一个货架里的商品，等到货架取空时，再对这部分空货架提出订货需要，然后再开始使用相邻的另一个货架的货物。

这种方法非常适合ABC管理中的C类，也就是单价比较低、保管也很容易的商品。

目前，中国各大电商网站的主体参与者都是为数众多的中小网店，这些网店更要特别注重市场需求的独特性与创造性，也就是从发掘客户的价值出发，不断地细分市场。其中，最重要的是要对顾客的需求做出快速反馈，即"缩短供应周期"。所以，从之前粗放型的大订单模式走向精而美的小订单的生产模式，是未来中小网店在供应链上能够出奇制胜的关键因素。

后记

网络店铺与"网红"
经济正悄然兴起

随着2016年的到来，"网红"开始大爆发，而且"网红"一词，已经变成人尽皆知的网络熟语，并正式走入我们的生活。比如那些在淘宝网上爆红的店主，不但非常漂亮、时尚，而且能够凭借自己的品位与能力赚钱，还创造出一个新的词汇——"网红"经济。

蔚然成风的"网红"淘宝店铺

目前，淘宝平台上有一群网络红人，已经越来越受人们的关注。在2016年的"6.18"大促中，很多"网红"店铺的销量非常醒目，比如，在淘宝女装店铺中排名销量前10的，有7家是"网红"淘宝店铺。

另外，"网红"店铺的特点与其他店铺相比有所不同，因为"网红"店铺都有靓丽的模特，其本质上就是粉丝经济。而且店铺的消费者也比较年轻，通常要比淘宝用户的平均年龄低5岁，并且以"90后"居多，其无线端的消费占比也要比行业的平均水平高10%~20%。

"网红"店铺的供应链相对来说也更加有弹性，比如，常规淘宝店铺流程是上新—平销—折扣，而"网红"店铺的流程则变成选款—粉丝互动、改款—上新、预售—平售—折扣。

像2013年大学毕业的"网红"赵大喜，当她的淘宝店开业后，她天天花费大量的时间和精力在微博上与粉丝互动，先推出一些款式的样衣和美照，然后再听取他们的评论和反馈，最后再挑选那些非常受欢迎的款式进行打版，投产后就在淘宝店正式上架销售。这种方法的好处很多，比如选款的能力强，测款的成本低，并使得C2M（即客对厂）模式变成可能，这代表DT（数据处理技术）时代一种新的运营方式。

"花瓶网红"店铺造就"网红"经济

张大奕是一位模特出身的姑娘，经常在《瑞丽》《米娜》《昕薇》等时尚杂志做平面模特。目前，她在微博上拥有的粉丝量高达317万，发一条普通微博的回复都在上千条。后来，她开始逐渐拍摄淘宝网广告。再后来，模特张大奕就成为网店店主张大奕。

她把自己的淘宝店命名为"吾欢喜的衣橱"，上线不到一年的时间就冲到4皇冠，并且当店铺上新品时，其当日成交额肯定是全淘宝女装类目的第1名。比如，有一次5 000多件服装，在两秒钟内就被买家"秒杀"，而店铺的其他服装也在3天内基本售罄。也就是说，在短短3天内，"网红"张大奕就完成了普通线下实体店1年的销售量。

后来，张大奕又以淘宝红人店主的身份参与到淘宝网络直播的活动中。在这次直播中，张大奕身穿自己网店的新品出镜，期间换过数套服装，并且为粉丝介绍每一套服装的搭配方式。虽然还发生了一段小插曲，那就是她把两套衣服穿反了，但她却毫不在意，而且在直播镜头前把衣服迅速"掉头"。

结果这场直播创下新的纪录，有超过41万的人次观看，点赞数也超过100万。直播结束后，从20:00才正式上新的"吾欢喜的衣橱"，在两个小时内成交额就达到创纪录的2 000万元人民币，其中客单价也达到400元。因此，张大奕的这场上新直播，已经刷新通过淘宝直播间引导的最高销售纪录。

不过，相比较那些正规的网店运营者，"网红"也会有短板。因为她们可能对店铺的日常运营、供应链、设计、打版、库存、客服、团队管理等方面知之甚少。为此，一些"网红"孵化器就应运而生，比如莉家、榴莲家，这些孵化器以入股的方式，来为这些"网红"店提供一系列的打包解决方案。

随着"网红"被人们越来越关注，她们的能力与创造力也逐渐被认可，甚至有很多专家称，那些实力超强的"网红"淘宝店，已经具备了上市的潜力。"网红"们的新闻早已不再是嫁给富二代或者是与哪个明星产生绯闻，而是凭借自身的努力经营，创造出一个个神奇的创业故事，这些故事本身，就足够吸引人们的关注了。

附录1

经营淘宝、天猫网店
要避免的违规行为

当我们开始经营淘宝、天猫网店正准备大干一场时，却突然遭到各式各样的处罚。结果我们都非常清楚，肯定会被扣分、降权进而失去流量，最终也就没有生意可做。因此，我们必须要明白哪些行为是违规的。下面就为大家列举一些可能在不经意间就会被处罚的违规行为，希望大家能够引以为鉴。

重复铺货

很多人在使用淘宝助理上传宝贝时，不经意间就可能会出现重复铺货的违规行为。正确的方法是，我们在使用淘宝助理上传宝贝或是修改宝贝前，必须首先点击"出售中宝贝"，然后在其上面的导航处点击"同步宝贝"，接下来才可以进行修改，否则，就会发生重复铺货的违规行为。通常情况下，在一个季度内网店不能超过60个违规，否则就会受到关闭30～90天的处罚，严重者店铺甚至还会被查封。

对于重复铺货，还应该注意以下一些情况。

1. 不允许把同款宝贝以不同的颜色分别发布。但如果因宝贝颜色的不同而影响到销售价格，我们就可以为其开设销售属性，并编辑相对应颜色的价格。

2. 不允许把专车中的专用宝贝以不同车型分别进行发布，比如专车中的专用脚垫、座套、后备厢垫和DVD导航等。

为此，建议采取以下措施：

（1）如果车型不同，或者商品的图片不一致，就可以分车型发布。但应注意，如果商品图片相同而只是图片中的车型文字不同，那么就不能分车型发布。

（2）对于一般商品来说，在图片、标题和描述方面如果有80%左右的相似度，且所选商品的车型属性有重合，就会被判断为重复铺货。此时可选择最多为30个的多个车型的属性进行发布，以避免由于车型的因素而重复铺货。

（3）对于非专车的专用商品标进行专车专用发布的，比如雨刮、装饰性尾喉等，网店可以按照其销售属性来发布商品，以避免重复铺货。

3. 不允许将那些适用于多款机型的通用型宝贝以不同的机型分别进行发布，比如一些3C数码配件。

4. 不允许将同款宝贝以大小、规格的不同来分开发布，比如女装、男装、童装和鞋帽等。

5. 不允许将同款宝贝以附带不同的赠品来分别进行发布，比如数码产品、动漫、母婴和汽车等。

6. 对同款宝贝来说，不允许通过更改宝贝的价格、上架时间、数量和组合的方式，在同一天内进行多次发布。

7. 对于服务类的商品，不允许以相同价格和服务的不同表现形式进行发布。比如，像T恤衫的烫画服务，其烫画价格相同的必须用一件商品进行发布，如果花样不同可以在商品描述中进行展示。

8. 对于网络游戏等虚拟商品，比如QQ币和QQ游戏币，允许以单个和多个商品分别进行发布，但多个商品发布的次数不能超过5次。

9. 对于游戏代练类型的商品，只允许发布1件商品，比如等级代练、任务代练等。

10. 对于销售的网络电话卡，每个网店发布的相同运营商的不同面值的充值商品，不允许超过15件。

11. 对于汽摩类型的商品，不允许相同属性或相同性质的商品用不同颜色或适用于不同车型进行多次发布。比如索纳塔或者捷达车的专用补漆笔其实为同一件商品，如果用不同车型分开发布，就属于违规发布。

12. 对快递和物流业务来说，同一家快递公司不允许以运输不同重量来分别进行发布。

滥用关键词

大家都非常清楚关键词对于搜索宝贝的重要性，因此有人就别出心裁，为了搜索靠前而滥用关键词。比如，有人在销售强光手电筒时，就对其加入警用和军用等关键词，却没有料到，没过几天就发现原本热销的宝贝已经搜索不到，而且还被扣除6分。因此，关键词切不可乱用。下面为大家详细介绍一下哪些关键词是禁止使用的。

1. 禁止使用最高、最大、最美等形容词的最高级。

2. 有关"秒杀"等词汇。很多淘宝卖家在做一些促销活动，都非常喜欢使用"秒杀"等词汇，比如在标题上写着"现货秒杀""限时秒杀"或者"秒杀包邮"等。但实际上，只有购买淘宝促销产品并向淘宝交纳一定数额的促销费用后，才能够在已设置秒杀产品的标题上使用"秒杀"等词汇，否则就会被列为作弊的行为。

3. 宝贝所描述的词汇涉及国家保密机构的也不能使用，否则就会被扣分。

此外，一些网店为了让发布的宝贝变得更加引人注目，或者让买家可以搜索到更多店铺发布的商品，就在宝贝的名称中滥用品牌的名称或是与本宝贝不相关的字眼，使得顾客不能准确找到所需的宝贝。如果网店出现这种行为，其宝贝就会被淘宝搜索判定为滥用关键词，而且宝贝还会被立即降权。比如，以下几种行为就属于这种情况。

1. 网店在销售的宝贝标题中使用并不是用于介绍本宝贝的字眼，比如，一不知名爽肤水，其宝贝标题中出现"欧莱雅杏子去角质面膜美容养颜健美用品热销中"等毫不相关的词汇。

2. 网店故意在销售的宝贝标题中使用淘宝网热推的关键词，而且关键词与宝贝的内容没有直接关联。

3. 网店在销售的宝贝标题中，使用非该宝贝制造或生产公司所使用的特定品牌的名称。

4. 在销售的宝贝标题中出现同其他宝贝品牌相比较的情况，比如：可媲美宝马、奔驰的汽车配件。

5. 在销售的宝贝标题中出现与本宝贝属性不相符的文字描述，比如销售的宝贝是长裤，但是标题当中却出现"短裤"等文字。

6. 在销售的宝贝标题中出现了非此明星等代言或是授权的宝贝，比如，未能得到××明星授权的宝贝，在标题上却出现了"××明星同款"的文字。

7. 在销售的宝贝标题中出现很多种与本宝贝不符合的促销形式，比如，宝贝根本不包邮或者没有参与淘宝官方的清仓促销等活动，却在标题上出现"包邮""天天特价"和"限时促销"等字眼。

错放类目

有些网店在销售一些价格很低的宝贝时，如果是新疆、西藏、内蒙古等边远地区的客户购买，此时包邮就会出现亏本，于是网店就搞了一个运费补差的类目。结果，运费补差的链接不但被淘宝、天猫删掉，而且还被扣了2分。

实际上像邮费补差价、赠品、定金、订单、新品预览和搭配商品等类目，不可以放在"其他"的类目上，而是要发布在其对应的类目下。

通常来说，错放类目有下列几种情况。

1. 宝贝的属性与发布宝贝所放置的类目不一致。

2. 宝贝的属性与发布宝贝所设置的属性不一致。

3. 在淘宝网站首页推荐的各类目下，出现与该类目无关的宝贝。

而对于错放类目的违规行为的处罚非常严重，比如，你的网店经营的是T恤衫，但你却发现连衣裙类目的流量非常高，因此就把T恤放到连衣裙的类目下；或者你销售的宝贝是长袖的T恤，结果发现短袖T恤比较畅销，于是就在长袖T恤的属性里面写了短袖。这些违规行为都属于错放类目和属性，这样的后果就是直接失去了展现的机会。

具体来说，错放类目的处罚如下所示。

1. 违规商品累计5件，淘宝即会通知会员进行整改；违规商品累计10件，会员会被限制发布商品2天，下架所有未出价商品；违规商品累计15件，会员会被限制发布商品7天，下架所有未出价商品，同时关闭店铺7天；违规商品累计30件，会员会被限制发布商品30天，下架所有未出价商品，同时关闭店铺30天；违规商品累计45件，会员会被限制发布商品90天，下架所有未出价商品。

2. 违规商品累计数在每一个自然季度都会进行一次清零。

3. 在季度清零前被限权的会员，其累计数会在限权期处罚结束后才会被清零。

广告商品的违规

有个人在淘宝上开了2个网店，其中一个网店经营得非常好，而另一个网店却很差。他为了照顾比较差的网店，于是就用经营得好的网店来给差的网店引流，结果，凡是涉及的宝贝全部都被淘宝网直接删除。在淘宝上，所有的网店都必须要独立存在，绝不允许走捷径，否则就会被视为违规。

通常来说，广告商品的违规行为主要有以下几种情况。

1. 用一口价或者拍卖的方式来发布已经售出或者是只是用来欣赏的宝贝。

2. 发布自己或他人的生活照、实体店铺的店面图片、介绍宝贝品牌的故事以及行业知识或纯粹贴图供人欣赏的宝贝。

3. 使用已售勿拍和广告等形式发布宝贝。

4. 在宝贝描述中或者阿里旺旺上出现外网交易的链接信息或是诱导消费者去外部网站上购买宝贝。

5. 在宝贝信息的标题、描述或者网店信息中出现"拍前请询问价格后才能购买"或者是"不询问就拍下不发货"等字样。

6. 在宝贝描述上发布相关免费网站的注册信息。

7. 发布仅仅能够提供发布者的联系方式或其他非出售宝贝的信息。

8. 在宝贝描述中，发布含有其他网店超链接等非本网店宝贝的相关信息。

直通车的违规

有很多淘宝网店卖家以为只要开了直通车就可以规避一些处罚，于是，他们就开始卖高仿或假货。但这样做毫无疑问是违规的，因为直通车对于识别假货的机制和信息处理机制的能力在不断完善，一旦查出卖家存在着这些行为，相关的网店肯定会被取缔。

此外，直通车的违规行为还包括以下几种情况。

1. 宝贝的推广信息中包含了涉嫌侵犯他人权利的情形。比如，未经授权就擅自使用他人的商标、专利、著作权、姓名权、肖像权等违反知识产权的行为。

2. 宝贝的推广信息中出现其他涉嫌侵权或者误导顾客的信息。比如，使用"高仿、超A、1∶1、境外货、亚太版、小货"等词汇。

如果一旦发生直通车违规行为，就要及时与投诉者取得联系，并及时删掉相关的关键词和主图，否则，可能会得不偿失，因为通常在扣2分后，网店的直通车就不能再开了。

宝贝价格不一致

有的网店在描述宝贝时设置一口价，比如是10元钱。但在详情页中这样描述："由于本店是小店，因此只能用低价获得排名，但这件宝贝的真实销售价格是20元。因此，请在拍下以后联系客服修改价格，否则本店不予发货。"这是一种典型的违规行为，甚至还可能会构成欺骗。

对于这种违规行为，我们先不说被发现、举报后受到哪种处罚，而是从这种行为的本身来说，虽然保持宝贝高度的相关性对于提升成交量非常有利，但通过一些欺骗的手段将那些不精准的流量引进来，却根本无法转化为成交量，反而会导致跳失率高、页面停留时间短等情况，并最终影响到宝贝的搜索排名。

虚假交易

虚假交易的行为基本上都是由恶意刷单造成的。刷单违规一旦被查出，其后果非常严重，因此，我们应该了解一下刷单违规的排查机制。

1. 网店的数据异常。除了一些特殊情况以外，网店的各项指标通常是相对比较稳定的。比如，像转化率、客单价和流量等指标，在淘宝网搜索引擎的排查机制中，一定会有一个认定的合理范围。但如果你的网店超过合理的正常范围，就有可能被淘宝网的搜索引擎排查，于是一方面可能直接会判定你的网店违规，而另一方面可能就会把超出合理范围内的订单全部列入监控之中，并且还不会被计算到搜索权重之中。因此，有时你即便是拼命刷单，并且也没有被抓住，但也起不到应有的作用，因为没有被计算到权重中。

2. "刷手"被列入到黑名单。那些被查的网店，其买家的信息也会被记录，如果次数很多就会被列入到黑名单中。虽然并不影响购买宝贝，但会被列入到监控之中，进而通过"刷手"来监控网店。

3．物流信息的异常问题。物流信息的异常有很多种，比如，快速确认收货、正常包裹与刷单使用的快递公司不同、大件商品的运费很低等。

4．顾客正常购物的习惯发生变化。比如，有些顾客在平时购买宝贝时从来不通过旺旺咨询，但网店卖家却要求"刷手"必须假聊，这就会因此而露馅；顾客购物的收藏占比有一个比较合理的区间，由于存在大量刷单而导致收藏占比大大提高，这些都属于不正常的购物习惯。

5．卡价格和卡地区。目前，网上所售宝贝基本上不需要再卡价格或卡地区，如果非让"刷手"卡一下，就容易被认为不合理而被监控起来。

一些违规行为的处罚标准

当出现一些违规行为时，网店所遭到的处罚，如下所示。

1．扣4分的情况：

（1）网店应支持消费者保障服务之"七天无理由退货"的，却拒绝履行承诺的行为。

（2）网店的确应该承担退货承诺、破损补寄和品质承诺等服务，但却拒绝承担的行为。

（3）消费者已经选择使用支付宝担保交易，网店却拒绝使用的行为。

（4）对于加入货到付款或信用卡付款服务的网店，却拒绝提供并按照承诺的方式提供这些服务的行为。

（5）网店在交易订立的过程中承诺给予消费者赠品或发票等物品，却最终拒绝赠予的行为。

（6）网店在交易订立的过程中自行承诺为消费者提供退换货、包维修等服务，实际却未履行的行为。

（7）网店在交易订立的过程中自行承诺承担发货或退换货的运费但实际却未履行，以及实行"七天无理由退货"的包邮商品，却最终拒绝承担发货运费的行为。

（8）网店违背自己做出的其他承诺的行为。

2. 扣6分的情况：

（1）加入淘宝官方活动的网店卖家，除了发货时间以外，未按照活动的具体要求而提供服务的行为。

（2）网店卖家参与到"试用中心"的活动，却在消费者报名成功后拒绝提供该试用商品的行为。

附录2

经营网店必知
的基本术语

1. 长尾词

这是为淘宝旺铺开辟的一项增值服务与功能，实际上是一种店铺界面，只不过能够彰显出其个性和豪华的特征。这能让买家的购物体验变得更好，也更容易使其产生购买欲望。长尾词对塑造网店的形象、打造网店的品牌以及推广促销网店的宝贝具有非常重要的作用。

2. 直通车

直通车是一种全新的搜索竞价模式，其竞价结果可以在淘宝网上，以全新的图片和文字的形式进行充分展示。开通直通车的每件宝贝可以设置200个关键字，然后卖家针对每个竞价词进行自由定价，即可看到它在淘宝网上的排名位置，并按照实际被点击的次数付费。

3. 量子统计

量子统计是为个人站长、个人博主、网站管理者以及第三方统计等用户提供网站流量的监控、统计、分析等专业服务，是阿里巴巴公司的一款强大且精准的网站统计产品。

4. 超级卖霸

超级卖霸是淘宝网推出的宝贝展示的集中营，其中包含全网最热卖的宝贝，并把它们在全网客流访问量最大的位置进行集中展示。超级卖霸是淘宝网按照不同价值的推广资源，针对不同类型卖家的推广需求来制定的不同的主题活动，以更好地促进卖家的推广销售服务。但应注意，参与超级卖霸时应挑选店铺中性价比最高或想要大力推广的产品。

5. 钻石展位

钻石展位是淘宝网为一些有着更高要求的卖家量身定制的展位。网店往往会选取店铺内最优质的宝贝在此展示，并通过竞价排序，按照展现计费。

6. 淘宝客

淘宝客是帮助淘宝卖家推广商品，并且根据其最终的成交效果来获得佣金的个人或网站。

7. 消费者保障

消费者保障，也被称为全程消费者保障服务，指的是经用户申请并由淘宝确认后，针对其通过淘宝网平台与买家达成交易，并且经支付宝服务而出售的商品，按照本协议及淘宝网其他公示规则的规定，用户按照其选择参加的消费者保障服务项目，来向买家提供相应的售后服务。

8. 爆款

爆款最初指的是在服装销售过程中，一些供不应求、卖到断货的款式服装。但目前，爆款泛指那些销量非常高、人气也特别高的商品。

9. 秒杀

秒杀指的是网上竞拍的一种新方式，即网络卖家在某一个时间段发布超低价格的商品，由于其价格非常便宜，因此一上架就被抢购一空，有时甚至只需一秒钟。

10. 满就送

满就送是一些旺铺给卖家提供的一个店铺营销平台，即通过这个平台就可以为卖家带来更多的流量，并让卖家的店铺举办的促销活动面向全网推广，这样可以缩减买家的购物途径和购物成本。

11. 搭配套餐

搭配套餐，指的是把几种商品组合在一起设置成优惠套餐进行销售，这样可以让买家一次性购买店铺更多的商品。

12. 掌柜助手

掌柜助手是一款针对中小卖家在线管理商品而设计的软件，是将库存和订单相结合管理的系统，为卖家提供精准的库存数据和订单状况。掌柜助手可帮助卖家减少重复劳动，精确统计网店的收入与支出，并配合上下架、橱窗推荐等诸多功能的衔接串联，实现网店的一体化管理。

13. 淘宝助理

淘宝助理是供淘宝店铺免费使用的一款功能强大的客户端工具软件，可以直接编辑宝贝信息，快捷批量上传宝贝，极大地提升了开店的效率。

14. 工商亮照

工商亮照，指的是网店卖家将自己企业营业执照的信息公示在店铺中，以方便顾客查看。

15. 会员关系管理工具

会员关系管理工具是帮助卖家管理自己会员的工具。它可以让卖家充分了解自己店铺会员的信息，并针对不同会员使用更合理的营销方式。

16. 限时打折

限时打折是淘宝提供给卖家的店铺促销工具，可以让卖家在自己店铺中选择一定数量的商品，并且在一定的时间内以低于市场平均价格进行促销活动。

17. 店铺优惠券。

店铺优惠券是一种虚拟的电子现金券，是卖家额外赠送给买家的。

18. SKU（Stock Keeping Unit，库存量单位）

库存进出的一种计量单元，一般是以件、盒、托盘等为单位。

19. PPC（Pay Per Click）

指的是点击付费广告。

20. CPC（Cost Per Click）

指的是按照点击计费。

21．CPA（Cost Per Action）

指的是按照成果数计费。

22．CPM（Cost Per Mille）

指的是按照千次展现计费。

23．CVR（Click Value Rate）

指的是转化率，是衡量CPA广告效果的指标。

24．CTR（Click Through Rate）

指的是点击率。

25．PV（Page View）

指的是流量。

26．ADPV（Advertisement Page View）

指的是载有广告的流量。

27．ADIMP（Advertisement impression）

指的是单个广告的展示次数。

28．PV单价

指的是每PV的收入，是衡量页面流量变现能力的基本指标。

29．RPS（Revenue Per Search）

指的是每搜索一次产生的收入，是衡量搜索结果变现能力的基本指标。

30．ROI（Return On Investment）

指的是投资回报率，即通过投资收益而应返回的价值，它涵盖了企业的
获利目标。

31．STP

指的是市场细分（Segmenting）、目标市场选择（Targeting）和市场定位
（Positioning）。

32. UV（Unique Visitor）

指的是独立访客，即不同的、通过互联网访问的、浏览这个网页的自然人。

33. TP（TaoBao Partner）

指的是淘宝拍档，为淘宝网在2010年正式签约的第三方合作伙伴。TP可以帮助一些不懂电商运营的厂家或商家开网店，并提供所有网上运营的服务，而厂家或商家只负责发货即可。

34. 全球速卖通

指的是在阿里巴巴旗下，面向全球市场而打造的在线交易平台，也被称为"国际版淘宝"。

附录3

电商运营的失败
教训面面观

尽管目前我国的电商企业保持稳步发展的态势，但是依然有一些电商企业倒闭。为此，我总结了一些网店运营失败的经验和教训，希望大家能够吸取经验并避免犯同样的错误。

1. 产品结构不够精细，使得家庭及个人拥有率的水平偏低，导致起量非常困难，也就是难以大规模推广。

2. 不够专注产品，导致店铺产品的结构跨度比较大。

3. 产品的数量很多，但缺少深度，不足以充实店铺的展现。

4. 既没有团队，又没有美工，掌柜也不懂电商。

5. 过分迷信低价策略。

6. 非常坚定地认为，只有流量才是解决所有问题的根本原因。

7. 只迷信推广，并将其作为唯一的策略。

8. 相信做外贸电商是有秘诀、有捷径的，并对此乐此不疲。

9. 既看不见，又看不懂那些非常优秀的店铺所具有的优势和细节。

10. 缺少主推产品的思路。

11. 产品价格区间的过渡出现跳跃幅度过大的情况。

12. 产品的价格段位，有的明显过高而有的明显过低。

13. 产品外观距离主流太远。

14. 产品的文案设计不能满足消费者的心理需求。

15. 对宝贝页面的细节方面不足够重视。

16. 对宝贝页面的逻辑和统一性不够重视。

17. 对宝贝页面的品质、腔调和气质不够重视。

18. 在宝贝图片页中添加巨量的文字。

19. 宝贝页面的颜色过于艳丽，导致形式大于内容。

20. 没有挖掘出包裹设计的价值。

21. 不愿意向消费者妥协。

22. 参加活动过于频繁和痴迷。

23. 不了解也不清楚主流消费群体的年龄、收入、喜好以及购物路径等情况。

24. 没有看到消费者成交后未来的传播价值。

25. 向一些有极端案例的店铺学习。

26. 严重依赖产品的好评返现。

27. 不喜欢学习其他店铺的经验。

28. 喜欢以渠道名义而不是以品牌名义去做推广。

29. 梦想店铺里的所有产品都成为爆款，但仅限于梦想。

30. 喜欢推广时搞平均主义，缺少对的掌控。

31. 经常做断点推广，未能保持持续性。

32. 推广缺少侧重点，也没有关注时间、区域以及关键词的选取。

33. 只是操作直通车，而没有看到钻展的价值。

34. 将大部分精力放到站外引流上面。

35. 售后服务缺少对用户的关怀。

36. 客服销售没有任何技巧，仅仅是一问一答，而客户不问，则不答。

37. 既缺少团队考核的体系，又缺少相应的激励措施。

38. 美工只做图，不懂运营；运营只负责销售，不指导美工；二者没有形成一个整体。

39. 过于迷信刷单。

40. 迷信拉关系，而不重视自身业务能力的提升。

41. 缺乏持续分析数据的能力。

42. 宝贝详情页很短，也缺少场景带入。

43. 销售人员根本没有彻底地了解自己网店的产品。

44. 缺少宝贝品牌展示的内容。

45. 严重依赖赠品。

46. 不善于学习和调整网店的经营思路，总是在无谓地等待出现变化。

47. 对消费者的痛点缺乏关切。

48. 对产品的供应链缺少足够的掌控力，导致意外频频发生。